Thomas Brand

Besser in Deutsch

Literarische Texte interpretieren

Mit 28 S. Lösungsheft

Oberstufe

Cornelsen
SCRIPTOR

Der Autor: Thomas Brand ist Schulleiter und unterrichtet Deutsch und Religion. Er hat umfassende Erfahrung als Autor von Lernhilfen und Nachschlagewerken.

www.cornelsen.de

Bibliografische Information:
Die Deutsche Bibliothek verzeichnet diese Publikation in der Deutschen Nationalbibliografie; detaillierte bibliografische Daten sind im Internet über http://dnb.ddb.de abrufbar.

Dieser Band folgt den Regeln der deutschen Rechtschreibung, die seit August 2006 gelten.

5. 4. 3. 2. 1. Die letzten Ziffern bezeichnen
13 12 11 10 09 Zahl und Jahr der Auflage.

Projektleitung: Stefan Giertzsch, Berlin
Redaktion: Doreen Wilke, Berlin
Reihengestaltung: tiff.any GmbH, Berlin
Satz und Layout: Carola Fuchs, Dagmar & Torsten Lemme, Berlin
Umschlagentwurf: Patricia Müller, Berlin
Druck und Bindearbeiten: orthdruk, Białystok, Polen
Printed in Poland
ISBN 978-3-589-22882-9

Gedruckt auf säurefreiem Papier,
umweltschonend hergestellt aus chlorfrei gebleichten Faserstoffen.

Wie Ihnen dieses Buch helfen kann

Sind Sie auch der Ansicht,
beim Interpretieren literarischer Texte ginge es im Wesentlichen um die eigene Meinung und die könne einem ja schließlich niemand vorschreiben? Dass das zumindest *teilweise* so ist, erkennt auch die Kultusministerkonferenz der Länder in der Bundesrepublik Deutschland an. So spricht sie in den „Einheitlichen Prüfungsanforderungen in der Abiturprüfung Deutsch" (EPA) von einem „größeren subjektiven Spielraum", der bei der Bearbeitung literarischer Texte in der Regel erforderlich ist. Jedoch schützt das nicht vor der Aufgabe, eine im Rahmen einer Klausur oder im Abitur überprüfbare und vergleichbare Leistung zu erbringen. Das bedeutet, dass Sie Ihr Urteil anhand bestimmter Untersuchungsaspekte und auf *nachprüfbarem* Wege gewinnen und *begründen* müssen. Die wichtigsten Aspekte, die für die Abiturprüfung relevant sind, gelten auch für „einfache Klausuren" in der Oberstufe. An ihnen ist diese Lernhilfe ausgerichtet, in der Sie z. B. trainieren können,

- einen erzählenden Text und ein Gedicht genau nach Inhalt und Form zu analysieren,
- auf sprachliche Besonderheiten zu achten,
- einen Text durch Leitfragen systematisch zu erschließen,
- die zentralen Aussagen eines Textes „auf den Punkt zu bringen" und dazu Stellung zu beziehen,
- literarische Figuren zu charakterisieren,
- eine Theaterszene zu interpretieren,
- „außertextliche" Komponenten sinnvoll auf einen Text zu beziehen,
- einen Interpretationsaufsatz sinnvoll zu gliedern,
- Ihre Gedanken in zusammenhängender und nachvollziehbarer Form aufzuschreiben.

Noch ein Wort zur Benutzung dieser Lernhilfe:
Im ersten Kapitel können Sie grundlegende Arbeitsschritte üben, die in nahezu jeder Interpretation eines literarischen Textes vorkommen. Darauf aufbauend, widmen sich die folgenden Kapitel der Interpretation von erzählenden Texten, Gedichten und Dramen. Am Ende dieser Kapitel finden Sie jeweils einen ausführlich kommentierten Musteraufsatz und einen Test, der Ihnen zeigt, ob Sie Ihr Wissen richtig anwenden können.
Die einzelnen Arbeitsschritte werden anhand von Beispielen, vor allem aber einer Vielzahl von Übungen ausgeführt. Der sinnvollste Weg ist, diese schrittweise aufeinander folgend auszuführen, bis Sie am Ende einen kompletten Aufsatz verfassen. Sie können die Übungen aber auch einzeln zu bestimmten Aspekten bearbeiten; nur müssen Sie dann vielleicht einen einige Seiten vorher stehenden Text dazu lesen. Für die Arbeit mit der Lernhilfe legen Sie sich am besten einen Hefter oder ein Heft an, in dem Sie Ihre Ergebnisse festhalten und aufbewahren, damit Sie jederzeit darauf zurückgreifen können.
Wie Sie sehen, sind die wichtigsten inhaltlichen und formalen Aspekte für Ihre Klausur- und Abiturvorbereitung berücksichtigt. Und der „eigene Geschmack"? Der sollte, auch wenn es nicht der zentrale Gesichtspunkt ist, im Interpretationsaufsatz noch genügend Raum haben. Nach der Arbeit mit dieser Lernhilfe werden Sie Ihr Urteil sicherer finden und besser begründen können.

1 ARBEITSSCHRITTE DER INTERPRETATION

Die einzelnen Arbeitsschritte für einen Interpretationsaufsatz werden je nach Gattungszugehörigkeit und vor allem nach der besonderen Gestalt des einzelnen Textes unterschiedlich ausfallen. Dennoch können Sie bei jeder Interpretation nach einer bestimmten Reihenfolge vorgehen. Diese grundlegenden Arbeitsschritte werden im Folgenden an einem kleineren Beispiel durchgespielt. Dabei können Sie üben, planvoll vorzugehen und Zeit zu sparen. Lesen Sie zunächst die folgende Geschichte.

Günter Kunert: Zentralbahnhof (1972)

An einem sonnigen Morgen stößt ein Jemand innerhalb seiner Wohnung auf ein amtliches Schreiben: Es liegt auf dem Frühstückstisch neben der Tasse. Wie es dahin kam, ist ungewiss. Kaum geöffnet, überfällt es den Lesenden mit einer Aufforderung.

Sie haben sich, befiehlt der amtliche Druck auf dem grauen, lappigen Papier, am 5. November des laufenden Jahres morgens acht Uhr in der Herrentoilette des Zentralbahnhofes zwecks Ihrer Hinrichtung einzufinden. Für Sie ist Kabine 18 vorgesehen. Bei Nichtbefolgung dieser Aufforderung kann auf dem Wege der verwaltungsdienstlichen Verordnung eine Bestrafung angeordnet werden. Es empfiehlt sich leichte Bekleidung, um einen reibungslosen Ablauf zu garantieren.

Wenig später taucht der solchermaßen Betroffene verzagt bei seinen Freunden auf. Getränke und Imbiss lehnt er ab, fordert hingegen dringlich Rat, erntet aber nur ernstes und bedeutungsvolles Kopfschütteln. Ein entscheidender Hinweis, ein Hilfsangebot bleibt aus. Heimlich atmet man wohl auf, wenn hinter dem nur noch begrenzt Lebendigen die Tür wieder zufällt, und man fragt sich, ob es nicht schon zu viel gewesen ist, sie ihm überhaupt zu öffnen. Lohnte es denn, wer weiß was alles auf sich zu laden für einen Menschen, von dem in Zukunft so wenig zu erwarten ist?

Der nun selber begibt sich zu einem Rechtsanwalt, wo ihm vorgeschlagen wird, eine Eingabe zu machen, den Termin (5. Nov.) aber auf jeden Fall einzuhalten, um Repressalien auszuweichen. Herrentoilette und Zentralbahnhof höre sich doch ganz erträglich und vernünftig an. Nichts werde so heiß gegessen wie gekocht. Hinrichtung? Wahrscheinlich ein Druckfehler. In Wirklichkeit sei „Einrichtung“ gemeint. Warum nicht? Durchaus denkbar findet es der Rechtsanwalt, dass man von seinem frisch gebackenen Klienten verlange, er solle sich einrichten. Abwarten. Und vertrauen! Man muss Vertrauen haben! Vertrauen ist das Wichtigste.

Daheim wälzt sich der zur Herrentoilette Beorderte schlaflos über seine durchfeuchteten Laken. Erfüllt von brennendem Neid, lauscht er dem unbeschwerten Summen einer Fliege. Die lebt! Die hat keine Sorgen! Was weiß die schon vom Zentralbahnhof?! Man weiß ja selber nichts darüber ... Mitten in der Nacht läutet er an der Tür des Nachbarn. Durch das Guckloch glotzt ihn ein Auge an, kurzfristig, ausdruckslos, bis der Klingelnde kapituliert und den Finger vom Klingelknopf löst.

Pünktlich um acht Uhr morgens betritt er am 5. Nov. den Zentralbahnhof, fröstelnd in einem kurzärmeligen Sporthemd und einer Leinenhose, das Leichteste, was er an derartiger Bekleidung besitzt. Hier und da gähnt ein beschäftigungsloser Gepäckträger. Der Boden wird gefegt und immerzu mit einer Flüssigkeit besprengt.

Durch die spiegelnde Leere der Herrentoilette hallt sein einsamer Schritt: Kabine 18 entdeckt er sofort. Er schiebt eine Münze ins Schließwerk der Tür, die aufschwingt, und tritt ein. Wild zuckt in ihm die Gewissheit auf, dass gar nichts passieren wird. Gar nichts! Man will ihn nur einrichten, weiter nichts! Gleich wird es vorüber sein, und er kann wieder nach Hause gehen. Vertrauen! Vertrauen! Eine euphorische Stimmung steigt ihm in die Kehle, lächelnd riegelt er das Schloss zu und setzt sich. Eine Viertelstunde später kommen zwei Toilettenmänner herein, öffnen mit einem Nachschlüssel Kabine 18 und ziehen den leichtbekleideten Leichnam heraus, um ihn in die rotziegeligen Tiefen des Zentralbahnhofes zu schaffen, von dem jeder wusste, dass ihn weder ein Zug jemals erreicht noch verlassen hatte, obwohl oft über seinem Dach der Rauch angeblicher Lokomotiven hing.

1.1 Ihre Aufgabe bestimmen

Die Aufgabenstellung erfassen

In einem Interpretationsaufsatz sind Sie zunächst einmal mit der **Aufgabenstellung** konfrontiert. Achten Sie darauf, dass Sie diese **genau** erfassen, denn das ist die Voraussetzung dafür, dass Sie die Aufgabe zufrieden stellend lösen können.

Ein Beispiel:
Interpretieren Sie den Text „Zentralbahnhof“ von G. Kunert nach Form, Inhalt und Sprache.

1 Welche der folgenden Aspekte müssen Sie bei der Bearbeitung dieser Aufgabe unbedingt berücksichtigen?

Gesamtaussage des Textes

genaue Textartbestimmung

Sprache der Geschichte

Vergleich mit anderen Geschichten des Autors

Vergleich mit anderen Texten zum Thema

Bezug zur Biografie des Autors

literaturgeschichtliche Einordnung

Aufbau und Inhalt der Geschichte

Aktualität der Aussage

Einteilige Aufgabenstellungen

Die Aufgabenstellungen können **einteilig** oder, wenn sie mehrere Arbeitsanweisungen enthalten, **mehrteilig** sein. Man kann nicht sagen, welche Art der Aufgabenstellung einfacher und welche schwieriger zu lösen ist. Ein Vorteil der einteiligen Aufgabe besteht in der größeren Freiheit, die sie Ihnen lässt. Ein mögliches Problem ist aber, dass man weniger Anhaltspunkte für seine Analyse hat und sich leichter bei einem Thema „verzetteln“ kann. Deshalb beachten Sie für diesen Typ die Grundregeln:

- Auf jeden Fall müssen Sie auf **Inhalt, Form, Sprache** und **Aussage** (Gehalt, Botschaft, Sinn) eingehen!

Überlegen Sie sich einen eigenen Schwerpunkt.

Meistens aber werden Sie sich mehrteiligen und detaillierteren Arbeitsaufgaben gegenübergestellt sehen. Eine solche könnte für „Zentralbahnhof“ lauten:

a) Welche formalen und sprachlichen Besonderheiten weist die Geschichte auf?
b) Erläutern Sie die Metaphorik des Textes und geben Sie eine mögliche Begründung für die Verwendung durch den Autor.
c) „Das Gefühl der Vereinzelung und Vereinsamung einerseits sowie das Entsetzen über die ‚Trägheit der Masse‘ andererseits bestimmen viele Geschichten dieses Autors.“ Erläutern Sie dieses Zitat anhand der Geschichte „Zentralbahnhof“ und vor dem Hintergrund aktueller Probleme unserer Zeit.

2 Bestimmen Sie, welche Anforderungen diese drei Teilaufgaben an einen Interpretationsaufsatz stellen. (Orientieren Sie sich dazu an der Aufzählung zu Aufgabe 1.)

Mehrteilige Aufgabenstellungen

Bei mehrteiligen Aufgabenstellungen werden Sie normalerweise eine Steigerung des Schwierigkeitsgrades vorfinden, die Sie an bestimmten Formulierungen erkennen:

1. Darstellung des Inhalts sowie einiger formaler und inhaltlicher Merkmale („Nennen Sie“, „Beschreiben Sie“, „Stellen Sie dar, …“ oder eine Frage mit „Welche/r/s“)
2. Erklärung einzelner Gesichtspunkte, zumeist in Bezug auf die Gesamtaussage des Textes, manchmal aber auch auf übergeordnete Zusammenhänge (z. B. historische oder biografische Einordnung) („Erklären Sie“, „Erläutern Sie“, „Begründen Sie“)
3. Erörterung/(kontroverse) Diskussion, zumeist des Schwerpunktes, auch in Bezug auf eine aktuelle Fragestellung („Erörtern Sie“, „Deuten Sie“, „Vergleichen Sie“, „Stellen Sie … gegenüber“)

1.2 Das Thema des Textes erfassen

1 Welche der folgenden Fragen bezieht sich auf die Zusammenfassung des *Inhalts*, welche auf das *Thema* und welche auf die *Aussageabsicht* des Textes?

a) Wovon handelt der Text?

b) Was will der Text bewirken?

c) Was wird erzählt?

2 Lesen Sie die folgenden Versuche, das Thema der Kurzgeschichte „Zentralbahnhof" zu formulieren. Wie beurteilen Sie die einzelnen Texte? Womit sind Sie bei den einzelnen Entwürfen einverstanden, womit nicht?

a) In der Kurzgeschichte „Zentralbahnhof" behandelt der Verfasser Günter Kunert das Schicksal der Juden im Dritten Reich, aber nicht auf direkte Art und Weise.

b) In seiner Geschichte „Zentralbahnhof" beschreibt Günter Kunert, wie der Mensch in der modernen Gesellschaft einer übermächtigen Bürokratie ausgeliefert ist und in lebensbedrohlichen Situationen keine Hilfe von den Mitmenschen erwarten kann.

c) Günter Kunert erzählt in „Zentralbahnhof", wie ein Mann in die Herrentoilette des Zentralbahnhofs bestellt wird, wo er hingerichtet wird, und wie ihm Freunde und Nachbarn nicht helfen konnten oder wollten.

Die Erschließung des Themas

Das **Thema** geht über die Inhaltsangabe hinaus, weil es sich dabei um eine allgemeine Fragestellung handelt, um etwas, für das der betreffende Text als Beispiel dienen kann. Zugleich geht die Bestimmung des Themas nicht so weit wie die Aussageabsicht, die zum Ausdruck bringt, was speziell mit der Geschichte erreicht werden soll. So kann es zum Beispiel bei der Geschichte von einem sportlichen Wettkampf (Inhalt) um die Frage der Fairness (Thema) gehen, wobei die Geschichte dazu aufruft, den persönlichen Erfolg nicht mit unfairen Mitteln anzustreben (Aussageabsicht).
Leitfragen, die Ihnen bei der Erschließung des Themas behilflich sein können:

- Fragen Sie sich zu Beginn stets, wo im Text der „rote Faden" ist.
- Gibt es im Text einen erkennbaren **Hauptgegenstand** oder **Hauptgedanken?**
- Ist der Inhalt auf außerhalb des Textes liegende Sachverhalte und Zusammenhänge **übertragbar?**
- Enthält der Text **Anspielungen** auf bestimmte Hintergründe oder Ereignisse, die etwas über das mögliche Thema aussagen?

3 Versuchen Sie nun, das Thema der Geschichte „Zentralbahnhof" knapp zu formulieren. Berücksichtigen Sie dabei folgende Aspekte: Verhältnis Einzelner – Gesellschaft/Bürokratie, fehlende Unterstützung durch Freunde, Parallelen zum Schicksal der Juden während der nationalsozialistischen Diktatur.

1.3 Die Aussageabsicht formulieren und eine Arbeitshypothese aufstellen

In der Geschichte „Zentralbahnhof" von Günter Kunert geht es um das Verhältnis von Einzelnem und Gesellschaft. Am Beispiel eines Mannes wird erzählt, dass man in der Not allein steht und im Zweifelsfall nicht auf die Hilfe anderer rechnen kann.

Kunert möchte mit seiner Geschichte auf die „Trägheit der Masse" aufmerksam machen und uns aufrütteln, bedrohten Menschen wirklich zu helfen und es nicht nur bei Vertröstungen und Lippenbekenntnissen zu belassen.

1 Worin unterscheiden sich beide Texte voneinander?

Die Arbeitshypothese

Während das Thema des Textes seinen Gegenstand bezeichnet, meint die **Aussageabsicht** die **Wirkung,** die der Autor/die Autorin mithilfe des Textes erreichen will. Sie sollen klarmachen, wie Sie den Autor/die Autorin bzw. den Text verstehen. Die von Ihnen angenommene **Autorintention** (Aussageabsicht) zeichnet den Weg Ihrer Interpretation vor; daher ist sie auch Ihre **Arbeitshypothese.**

2 **Beschreiben Sie, worauf die folgenden kurzen Thesen zur Autorintention (Absicht) ihren Schwerpunkt setzen. Unterstreichen Sie jeweils die Schlüsselworte.**

a) „G. Kunert möchte mit seiner Geschichte darauf aufmerksam machen, dass man sich in einer Notsituation auf niemanden verlassen kann, auch nicht auf die, die man für seine Freunde gehalten hat."
b) „G. Kunert möchte mit seiner Geschichte Mitleid erwecken mit dem in einer Notsituation alleingelassenen Einzelnen in der Gesellschaft."
c) „G. Kunert möchte mit seiner Geschichte zu solidarischem Handeln aufrufen."

Diese drei Arbeitshypothesen schließen sich nicht aus, sondern gehen in dieselbe Richtung. Allerdings bezeichnen sie verschiedene „Dimensionen" des Textes.

Funktionen des Textes und Arbeitshypothese

Bei Texten unterscheidet man informierende, gefühlansprechende und appellierende **Funktion.** Das gilt auch für literarische Texte. Zum Textverständnis und um für die Interpretation eine tragfähige Arbeitshypothese herauszuarbeiten, beantworten Sie sich also die folgenden Fragen:

- Worüber will mich der Text **informieren?**
- Welche **Gefühle** will der Text in mir **hervorrufen?**
- Wozu will mich der Text **aufrufen?**

Nun ergibt sich Ihre **Arbeitshypothese** nicht einfach aus dem Zusammenziehen dieser drei Aspekte. Überlegen Sie, **welcher Aspekt für Sie selbst im Vordergrund steht:** der informierende, der emotionale oder der appellierende. Bedenken Sie dann, welche Rolle die anderen Aspekte spielen, und formulieren Sie Ihre Arbeitshypothese.

- Achten Sie aber stets darauf, dass der Bezug zum Text gewahrt bleibt!

3 Überprüfen Sie am Text: Warum sind die nachfolgenden drei Bestimmungen der Autorintention falsch?

a) „Kunert will mit seiner Geschichte auf die Gefahren des Einzelgängertums hinweisen und dazu auffordern, sich in die Gesellschaft einzugliedern."

b) „Kunert möchte das falsche Märtyrertum angreifen und stellt den Einzelnen, der sich nicht gegen sein Schicksal wehrt, als schuldig an seinem eigenen Tod dar."

c) „Kunert möchte aufrufen zu massenweisem Protest gegen eine willkürliche und ungerechte Herrschaft, die unschuldige Menschen hinrichtet."

Wenn Sie eine Arbeitshypothese als Grundlage gefunden haben, werden Sie merken, dass es nun wesentlich leichter ist, den Text zu interpretieren, da Sie die Einzelheiten **zielgerichtet** untersuchen können.

1.4 Den Text in sinnvolle Abschnitte gliedern

1 Für zwei Abschnitte der Erzählung finden Sie vorformulierte Überschriften. Überlegen Sie, welche Bedeutung dem jeweiligen Abschnitt für die ganze Geschichte zukommt.

Z. 1 – 17: Die Nachricht

Z. 18 – 30: Die Freunde

2 Gliedern Sie den Text weiter auf. Berücksichtigen Sie die Funktionen der jeweiligen Abschnitte und beachten Sie mögliche Auffälligkeiten.

Betrachten Sie nun den **Aufbau** des Textes. Dabei gibt es folgende Möglichkeiten:

1. die Unterteilung in **Einleitung, Hauptteil** und **Schluss,** die vielen (aber nicht allen!) erzählenden Texten zugrunde liegt;
2. die Unterteilung in verschiedene **Handlungsschritte.**

Gliederung eines Textes in Abschnitte

Bei Gedichten ist dies schwieriger, da sie oft so kurz sind, dass eine Unterteilung nicht sinnvoll erscheint. Außerdem haben sie häufig ein Gefühl oder eine Stimmung zum Gegenstand und keine zu gliedernde Handlung. Wenn es sich um ein längeres Gedicht handelt bzw. eine Einteilung aus inhaltlichen Gründen sinnvoll ist, müssen Sie nach inhaltlichen oder äußeren Zäsuren (z. B. Stimmungsumschwünge, Wechsel in Versmaß und Rhythmus) suchen.
Gliedern Sie, soweit möglich, einen Ihnen vorliegenden Text in sinnvolle Abschnitte und betiteln Sie diese jeweils mit einer Überschrift.

Einen „sinnvollen Abschnitt" in einem erzählenden Text erkennen Sie daran,

- dass in der Handlung wichtige Veränderungen vor sich gehen,
- dass wichtige Figuren (neu) hinzukommen oder verschwinden und
- dass es deutliche Zeitsprünge gibt.

Überlegen Sie, nachdem Sie mit dem Text so verfahren sind, welche **Bedeutung** der jeweilige Abschnitt **für den Gesamtzusammenhang** hat, und notieren Sie diese in einem Stichwort neben der Überschrift.

Diese Art der Gliederung ist die Grundlage für die **Textzusammenfassung,** die der schriftlichen Interpretation vorangeht. Auch wenn sie in der Aufgabenstellung nicht ausdrücklich gefordert ist, kann eine solche Zusammenfassung sinnvoll sein. Sie ermöglicht einen ersten klärenden Gesamtüberblick, auf dessen Basis Sie besondere Fragestellungen untersuchen können.

3 **Suchen Sie jetzt in Ihrem Arbeitsbuch oder aus Ihrem „Privatbestand" eine abgeschlossene Erzählung, nehmen Sie eine Gliederung vor und verfassen Sie eine kurze Inhaltsangabe.**

1.5 Einen Text optisch aufbereiten

Tipp

für die optische Aufbereitung eines Textes

Für die Erstellung Ihrer Stoffsammlung und vor allem auch für Ihr eigenes Textverständnis ist es hilfreich, wenn Sie sich **Notizen im Text** selbst machen. **Kurzbemerkungen am Rand** können Ihnen Anhaltspunkte für Ihre Stoffsammlung und für spätere Schwerpunkte Ihres Interpretationsaufsatzes geben.

Sie können einen Text auch mithilfe von **Zeichen** optisch aufbereiten, besonders wenn es sich um kürzere Texte handelt oder Ihnen wenig Platz für Randbemerkungen bleibt. Hier einige Zeichen, die sich eingebürgert und bewährt haben:

- ~~ unklare Stelle, missverständlich
- ? (am Rand): Bedeutung eines einzelnen Wortes unklar
- ! (am Rand): wichtige Stelle für den Zentralgedanken bzw. die Gesamtaussage
- ↓↑ →← (am Rand): Gegensatz
- ↑ ↓ (am Rand): Beziehung, Zusammenhang

Dieses Verfahren eignet sich gut zum ersten Durcharbeiten eines Textes, wie es auf S. 14 am Beispiel von Franz Kafkas Erzählung „Der Nachbar" deutlich wird.

1 Bearbeiten Sie die Geschichte „Zentralbahnhof“ von G. Kunert mit optischen Hilfsmitteln und Randbemerkungen, soweit Sie dies nicht bereits getan haben.

DER NACHBAR

Mein Geschäft ruht ganz auf meinen Schultern. Zwei Fräulein mit Schreibmaschinen und Geschäftsbüchern im Vorzimmer, mein Zimmer mit Schreibtisch, Kasse, Beratungstisch, Klubsessel und Telephon, das ist mein ganzer Arbeitsapparat. So einfach zu überblicken, so leicht zu führen. Ich bin ganz jung und die Geschäfte rollen vor mir her. Ich klage nicht, ich klage nicht.

Seit Neujahr hat ein junger Mann die kleine, leerstehende Nebenwohnung, die ich ungeschickterweise so lange zu mieten gezögert habe, frischweg gemietet. Auch ein Zimmer mit Vorzimmer, außerdem aber noch eine Küche. – Zimmer und Vorzimmer hätte ich wohl brauchen können – meine zwei Fräulein fühlten sich schon manchmal überlastet –, aber wozu hätte mir die Küche gedient? Dieses kleinliche Bedenken war daran schuld, daß ich mir die Wohnung habe nehmen lassen. Nun sitzt dort dieser junge Mann. Harras heißt er. Was er dort eigentlich macht, weiß ich nicht. Auf der Tür steht: ›Harras, Bureau‹. Ich habe Erkundigungen eingezogen, man hat mir mitgeteilt, es sei ein Geschäft ähnlich dem meinigen. Vor Kreditgewährung könne man nicht geradezu warnen, denn es handle sich doch um einen jungen, aufstrebenden Mann, dessen Sache vielleicht Zukunft habe, doch könne man zum Kredit nicht geradezu raten, denn gegenwärtig sei allem Anschein nach kein Vermögen vorhanden. Die übliche Auskunft, die man gibt, wenn man nichts weiß.

Manchmal treffe ich Harras auf der Treppe, er muß es immer außerordentlich eilig haben, er huscht förmlich an mir vorüber. Genau gesehen habe ich ihn noch gar nicht, den Büroschlüssel hat er schon vorbereitet in der Hand. Im Augenblick hat er die Tür geöffnet. Wie der Schwanz einer Ratte ist er hineingeglitten und ich stehe wieder vor der Tafel ›Harras, Bureau‹, die ich schon viel öfter gelesen habe, als sie es verdient.

Die elend dünnen Wände, die den ehrlich tätigen Mann verraten, den Unehrlichen aber decken. Mein Telephon ist an der Zimmerwand angebracht, die mich von meinem Nachbar trennt. Doch hebe ich das bloß als besonders ironische Tatsache hervor. Selbst wenn es an der entgegengesetzten Wand hinge, würde man in der Nebenwohnung alles hören. Ich habe mir abgewöhnt, den Namen der Kunden beim Telephon zu nennen. Aber es gehört natürlich nicht viel Schlauheit dazu, aus charakteristischen, aber unvermeidlichen Wendungen des Gesprächs die Namen zu erraten. – Manchmal umtanze ich, die Hörmuschel am Ohr, von Unruhe gestachelt, auf den Fußspitzen den Apparat und kann es doch nicht verhüten, daß Geheimnisse preisgegeben werden.

Natürlich werden dadurch meine geschäftlichen Entscheidungen unsicher, meine Stimme zittrig. Was macht Harras, während ich telephoniere? Wollte ich sehr übertreiben – aber das muß man oft, um sich Klarheit zu verschaffen –, so könnte ich sagen: Harras braucht kein Telephon, er benutzt meines, er hat sein Kanapee an die Wand gerückt und horcht, ich dagegen muß, wenn geläutet wird, zum Telephon laufen, die Wünsche des Kunden entgegennehmen, schwerwiegende Entschlüsse fassen, großangelegte Überredungen ausführen – vor allem aber während des Ganzen unwillkürlich durch die Zimmerwand Harras Bericht erstatten.

Vielleicht wartet er gar nicht das Ende des Gespräches ab, sondern erhebt sich nach der Gesprächsstelle, die ihn über den Fall genügend aufgeklärt hat, huscht nach seiner Gewohnheit durch die Stadt und, ehe ich die Hörmuschel aufgehängt habe, ist er vielleicht schon daran, mir entgegenzuarbeiten.

Handschriftliche Randbemerkungen (links):
- ① Selbstbewusstsein
- ② Ärger über sich selbst
- Neugier, Misstrauen
- ③ Verunsicherung
- gefühlsmäßige Abneigung
- ④ offene Abneigung
- Unsicherheit, Angst
- ⑤ Aufregung, Wahn (?)
- ⑥ Existenzangst
- fortlaufende Steigerung

Handschriftliche Randbemerkungen (rechts):
- 3x „mein“
- übertriebene Selbstdarstellung? doppelt: Selbstgewissheit? (oder schon Unsicherheit?)
- Abneigung
- Grund für eigene Verunsicherung
- Keine echte Auskunft
- Vergleich → Herabsetzung
- Gegensatz (Woher weiß er, dass Harras unehrlich ist?)
- übertriebene Reaktion ↓ !
- Selbstrechtfertigung. Wirkt krank
- Zwang
- „Vielleicht“ = „bestimmt“?

1.6 Die Stoffsammlung erstellen

Beispiel

Ein Notizzettel, der die ersten Gedanken und Ideen zu „Zentralbahnhof" festhält, könnte so aussehen:

- *knappe, sachliche Sprache*
- *wirkt bürokratisch*
- *der Mann wehrt sich nicht gegen seine Hinrichtung, sondern bezahlt sogar noch dafür*
- *Kunert: DDR-Regimegegner, Ausschluss aus SED, 1979 in Westdeutschland*
- *hat sich literarisch mit der nationalsozialistischen Vergangenheit beschäftigt*
- *wurde als „Halbjude" in NS-Deutschland diskriminiert*

kritisiert staatliche Bürokratie → welcher Staat ist gemeint?
Verhalten der anderen Personen:
Freunde schicken ihn weg → Angst?
Rechtsanwalt wiegelt ab → gemeinsame Sache mit Behörden?
Nachbar → Feindschaft
Bahnhof: ganz normale Stimmung → Metapher?

Textexterne und textinterne Faktoren

Diese ersten, noch ganz ungeordneten Stichwörter lassen sich zwei wesentlichen Bereichen zuordnen, nämlich

- den **textexternen Faktoren,** das sind Merkmale, die für die Arbeit mit Texten wichtig sind oder werden können, die aber nicht direkt mit dem Text zu tun haben, und
- den **textinternen Faktoren,** das sind Merkmale, die unmittelbar mit dem Text zu tun haben.

1 **Stellen Sie die textinternen und textexternen Faktoren aus der ungeordneten Stoffsammlung einander gegenüber.**

Der Zugang zum Text/Interpretationsmethoden

Wie die Unterscheidung schon andeutet, gibt es verschiedene **Zugangsweisen** zum Text: Die **werk- oder textimmanente Methode** untersucht die einzelnen Elemente des Textes (Handlung, Personen, Sprache, Raum, Zeit) und versucht, den Text aus sich heraus zu verstehen.

Andere Interpretationsmethoden, die vorwiegend von textexternen Aspekten ausgehen, sind:

- **soziologisch** (die Bedeutung eines Textes für die Analyse der Gesellschaft)
- **biografisch** (die Erklärung aus dem Lebenslauf des Autors oder anderer wirklicher Personen)
- **historisch** (das Verständnis eines Textes durch die geschichtliche Situation, auf die er sich bezieht)
- **literaturgeschichtlich** (das Verständnis eines Textes im Rahmen der literarischen Epoche, in der er entstanden ist)
- **feministisch** (die Erklärung eines Textes angesichts der Frage, wie er die Rolle der Frau widerspiegelt)
- **rezeptionsästhetisch** (das Verständnis eines Textes aus den persönlichen Erfahrungen und der persönlichen Situation der einzelnen Leser heraus)

Die textimmanente Methode stellt die Grundlage der Interpretation dar; die anderen Ansätze sind als Ergänzung zu verstehen. Daher ist es ratsam, **zunächst den Text selbst** zu untersuchen und nicht mit den Hintergrundinformationen zu beginnen. Zu leicht würde man sonst dem Text eine von außen herangetragene Interpretation „überstülpen", ohne ihn selbst zu Wort kommen zu lassen.

Achtung Das Wissen um die Biografie des Autors und um zeitgeschichtliche Hintergründe kann niemals die Interpretation des Textes ersetzen.

(Zur Einarbeitung der textexternen Faktoren siehe auch Kap. 3.8 ab S. 74.)

2 Welche methodischen Ansätze könnten zum Verständnis von „Zentralbahnhof" beitragen? Formulieren Sie die entsprechenden Fragen.

3 Welche der in der Stoffsammlung auf S. 15 stehenden Informationen über den Autor können Sie für die Interpretation verwenden? Formulieren Sie diese in zusammenhängender Form und überlegen Sie, wo Sie sie im Aufsatz einsetzen.

Beachten Sie In den Abiturprüfungen werden Sie in der Regel keine Hintergrundinformationen bekommen. Wenn Sie jedoch über Kenntnisse zur Biografie des Autors und zur Zeitgeschichte verfügen und einen Bezug zum Text herstellen können, hilft Ihnen das sehr bei der Interpretation.

Tipp

Anlegen eines Notizzettels
Nachdem Sie ungeordnet erste Ideen gesammelt haben, **sortieren** Sie Ihre Eindrücke, Fragen, Anmerkungen etc. zunächst einmal auf Ihrem Konzeptzettel. Das hilft, bei späteren Arbeitsschritten Zeit zu sparen, denn Sie müssen Ihr Material für Ihren Aufsatz ohnehin ordnen. Unterteilen Sie Ihren Notizzettel in

- Inhalt/Aufbau,
- Sprache,
- Deutung.

Schreiben Sie sich schon bei den ersten Notizen die Zeilen (bei Gedichten: Verse) auf, bei denen ein inhaltlicher Abschnitt beginnt bzw. endet und in denen Sie auf wichtige Einzelheiten gestoßen sind. (Auch das ist reine Übungssache und erleichtert die Suche von Zitaten oder Belegstellen im Text.)

4 **Erstellen Sie nun eine geordnete Stoffsammlung zu F. Kafkas Erzählung „Der Nachbar“ (S. 14).**

1.7 Die Gliederung Ihres Interpretationsaufsatzes anlegen

Aufbau eines Interpretationsaufsatzes

Machen Sie nicht den Fehler, einfach „draufloszuschreiben“, wenn Sie abgeschätzt haben, was die Aufgabenstellung von Ihnen verlangt, und Sie erste Anhaltspunkte für Ihre Interpretation gesammelt haben. Eine **gut gegliederte Anlage** Ihres Aufsatzes erleichtert Ihnen selbst die Arbeit und kommt auch den Erwartungen der Leser entgegen. Legen Sie deshalb vorher eine nummerierte Gliederung an. (Die Zahlen erscheinen später natürlich nicht im Aufsatz.) Enthält die Aufgabenstellung keine Angaben, können Sie dem Interpretationsaufsatz folgendes **Muster** zugrunde legen:

Allgemeiner Aufbau eines Interpretationsaufsatzes

1. Arbeitshypothese:	Was will ich zeigen, belegen, darstellen?
2. Thema und kurze Inhaltsangabe:	Wovon ist allgemein im Text die Rede? Was beinhaltet der Text?
3. Formale und inhaltliche Untersuchung:	Wie ist der Text aufgebaut? Gibt es einen Höhepunkt oder besonders herausgehobene Stellen? Welche Rolle spielen die einzelnen Handlungsschritte für die gesamte Handlung?

	Zur Lyrik: Wie werden Stimmungen, Gedanken, Gefühle entwickelt, entfaltet? Was ist die Aussage des Textes?
4. Sprachliche Analyse:	Was fällt an Wortwahl und Satzbau auf? Werden sprachliche Bilder (Metaphern) verwendet? In welchem Zusammenhang steht das mit der Aussage des Textes?
5. Textexterne Aspekte:	Was weiß ich vom Autor/von der Autorin und vom zeitgeschichtlichen Hintergrund des Textes und in welcher Beziehung steht das zur Aussage?
6. Zusammenfassung des Interpretationsergebnisses:	Wie drücke ich das, was der Text vermittelt, knapp, aber deutlich aus? Auf welche zentralen Aspekte sollte ich dabei noch einmal zurückkommen? Haben sich meine Eindrücke und Erwartungen vom Anfang bestätigt oder wurden sie widerlegt?

Diesem Grundmuster würde etwa folgende Gliederung entsprechen:

1. Einleitung: Textart/literarische Gattung, Verfasser/Verfasserin, Thema, evtl. Informationen zum Autor/zur Autorin
2. Hauptteil:
   - 2.1 knappe Inhaltsangabe
   - 2.2 Mittelpunkt der Handlung oder der Gedanken/Gefühle
   - 2.3 Hauptpersonen
   - 2.4 sprachliche Gestaltungsmittel
   - 2.5 Einordnung des Textes in den historischen Hintergrund, Bezüge zur Biografie des Autors
3. Schluss: Zusammenfassung der Aussageabsicht, Bezug zur außerliterarischen Wirklichkeit, Aktualität des Textes, ggf. Wertung des Textes

1 Ordnen Sie die Stichworte der Stoffsammlung zu „Zentralbahnhof“ aus Kapitel 1.6 diesen Gliederungspunkten zu. Ergänzen Sie die Stoffsammlung, bis Sie genügend Angaben zu jedem Gliederungspunkt haben.

Beachten Sie Wenn die Arbeitsaufgabe detaillierte Angaben enthält, können Sie dieses Gerüst natürlich nicht einfach übernehmen, sondern Sie müssen sich nach der Arbeitsaufgabe richten. Dennoch können Ihnen die **Leitfragen** für einzelne Aspekte eine gute Hilfe sein. In jedem Fall müssen Sie Ihrem Aufsatz eine durchschaubare und nachvollziehbare Gliederung zugrunde legen. Übersichtlichkeit und klarer Aufbau helfen Ihnen, einen oft gemachten Fehler zu vermeiden, nämlich überflüssige Wiederholungen.

1.8 Die richtige Sprache wählen

Beachten Sie Auch wenn ein Text bei Ihnen Begeisterung oder Protest auslösen sollte: Schreiben Sie Ihren Aufsatz in einem **nüchternen und objektiven Stil** auf! Wenn Ihr Verständnis des Textes nicht nur als rein subjektiv und privat gelten soll, sondern als begründet und für andere nachvollziehbar, sollten Sie so sachlich und objektiv wie möglich schreiben, unabhängig von Ihrer Ansicht zum Text. **Das gilt auch für die Äußerung der eigenen Meinung zum Text.**

Die Geschichte von Günter Kunert hat mir überhaupt nicht gefallen. Ich fand sie unverständlich, das sprachliche Bild mit dem Bahnhof versteht doch kein Mensch! Jeder weiß, dass es nicht um Bahnhofstoiletten geht – aber worum dann? Und so wie die Freunde würde sich auch niemand verhalten. Darüber hinaus fand ich die Sprache der Geschichte total langweilig. Wenigstens die Hinrichtung hätte man doch etwas dramatischer schildern können. Also, insgesamt eine ziemlich schwache Geschichte.

1. **Warum ist dieser Schluss unpassend?**

2. **Entwerfen Sie, unabhängig von Ihrer eigenen Meinung zur Geschichte, einen Schluss, der sich auf angemessene Weise *kritisch* mit ihr auseinandersetzt.**

Die sprachliche Gestaltung des Aufsatzes

Um die Gegenwärtigkeit und Allgemeingültigkeit Ihrer Untersuchung und Wertung herauszustellen, schreiben Sie Ihren Aufsatz im **Präsens** bzw., wenn Sie sich auf Vergangenes beziehen, im **Perfekt.** Wenn Sie Ihrer Interpretation eine **knappe Inhaltsangabe** voranstellen sollen oder möchten, beachten Sie deren wichtigste Anforderungen: Knappheit, Herausstellung des Themas, Zentrum der Handlung bzw. des Gedankens/Gefühls, keine Zitate, keine indirekte Rede, keine Wertung.

Bei der Analyse des Textes achten Sie immer auf den **Bezug zum Text,** sei es als direktes **Zitat,** sei es als **Umschreibung** mit eigenen Worten. Natürlich müssen Sie nicht jedes Detail durch ein Zitat belegen, aber wichtige Ergebnisse müssen am Text überprüfbar sein.

Wo es möglich und sinnvoll ist, verwenden Sie **Fachbegriffe;** sie dienen der Sachlichkeit, Genauigkeit und Knappheit Ihres Aufsatzes. (Vergleichen Sie die Listen mit Fachbegriffen auf S. 44 und S. 89.) Natürlich sollten Sie Ihren Aufsatz nicht mit „Fachchinesisch“ für andere unverständlich machen. Verwenden Sie Fachbegriffe auch nur dort, wo Sie sich wirklich sicher sind.

2 DIE INTERPRETATION ERZÄHLENDER TEXTE

2.1 Die Einleitung: Textart und Thema

1 Lesen Sie sich die Geschichte zunächst zweimal aufmerksam durch und unterstreichen Sie die Textstellen, die Ihnen besonders wichtig erscheinen.

Wolfgang Borchert: Die Küchenuhr

Sie sahen ihn schon von weitem auf sich zukommen, denn er fiel auf. Er hatte ein ganz altes Gesicht, aber wie er ging, daran sah man, daß er erst zwanzig war. Er setzte sich mit seinem alten Gesicht zu ihnen auf die Bank. Und dann zeigte er ihnen, was er in der Hand trug. Das war unsere Küchenuhr, sagte er und sah sie alle der Reihe nach an, die auf der Bank in der Sonne saßen. Ja, ich habe sie noch gefunden. Sie ist übrig geblieben.

Er hielt eine runde tellerweiße Küchenuhr vor sich hin und tupfte mit dem Finger die blaugemalten Zahlen ab.

Sie hat weiter keinen Wert, meinte er entschuldigend, das weiß ich auch. Und sie ist auch nicht so besonders schön. Sie ist nur wie ein Teller, so mit weißem Lack. Aber die blauen Zahlen sehen doch ganz hübsch aus, finde ich. Die Zeiger sind natürlich nur aus Blech. Und nun gehen sie auch nicht mehr. Nein. Innerlich ist sie kaputt, das steht fest. Aber sie sieht noch aus wie immer. Auch wenn sie jetzt nicht mehr geht.

Er machte mit der Fingerspitze einen vorsichtigen Kreis auf dem Rand der Telleruhr entlang. Und er sagte leise: Und sie ist übrig geblieben.

Die auf der Bank in der Sonne saßen, sahen ihn nicht an. Einer sah auf seine Schuhe, und die Frau sah in ihren Kinderwagen. Dann sagte jemand:

Sie haben wohl alles verloren?

Ja, ja, sagte er freudig, denken Sie, aber auch alles! Nur sie hier, sie ist übrig. Und er hob die Uhr wieder hoch, als ob die anderen sie noch nicht kannten.

Aber sie geht doch nicht mehr, sagte die Frau.

Nein, nein, das nicht. Kaputt ist sie, das weiß ich wohl. Aber sonst ist sie doch noch ganz wie immer: weiß und blau. Und wieder zeigte er ihnen seine Uhr. Und was das schönste ist, fuhr er aufgeregt fort, das habe ich Ihnen ja noch überhaupt nicht erzählt. Das schönste kommt nämlich noch: Denken Sie mal, sie ist um halb drei stehen geblieben. Ausgerechnet um halb drei, denken Sie mal.

Dann wurde Ihr Haus sicher um halb drei getroffen, sagte der Mann und schob wichtig die Unterlippe vor. Das habe ich schon oft gehört. Wenn die Bombe runtergeht, bleiben die Uhren stehen. Das kommt von dem Druck.

Er sah seine Uhr an und schüttelte überlegen den Kopf. Nein, lieber Herr, nein, da irren Sie sich. Das hat mit den Bomben nichts zu tun. Sie müssen nicht immer von den Bomben reden. Nein. Um halb drei war ganz etwas anderes, das wissen Sie nur nicht. Das ist nämlich der Witz, daß sie gerade um halb drei stehen geblieben ist. Und nicht um viertel nach vier oder um sieben Uhr. Um halb drei kam ich nämlich immer nach Hause. Nachts, meine ich. Fast immer um halb drei. Das ist ja gerade der Witz.

Er sah die anderen an, aber die hatten ihre Augen von ihm weggenommen. Er fand sie nicht. Da nickte er seiner Uhr zu: Dann hatte ich natürlich Hunger, nicht wahr? Und ich ging immer gleich in die Küche. Da war es dann fast immer halb drei. Und dann, dann kam nämlich meine Mutter.Ich konnte noch so leise die Tür aufmachen, sie hat mich immer gehört. Und wenn ich in der dunklen Küche etwas zu essen suchte, ging plötzlich das Licht an. Dann stand sie da in ihrer Wolljacke und mit einem roten Schal um. Und barfuß. Immer barfuß. Und dabei war unsere Küche gekachelt. Und sie machte ihre Augen ganz klein, weil ihr das Licht so hell war. Denn sie hatte ja schon geschlafen. Es war ja Nacht.

So spät wieder, sagte sie dann. Mehr sagte sie nie. Nur: So spät wieder. Und dann machte sie mir das Abendbrot warm und sah zu, wie ich aß. Dabei scheuerte sie immer die Füße aneinander, weil die Kacheln so kalt waren. Schuhe zog sie nachts nie an. Und sie saß so lange bei mir, bis ich satt war. Und dann hörte ich sie noch die Teller wegsetzen, wenn ich in meinem Zimmer schon das Licht ausgemacht hatte. Jede Nacht war es so. Und meistens immer um halb drei. Das war ganz selbstverständlich, fand ich, daß sie mir nachts um halb drei in der Küche das Essen machte. Ich fand das ganz selbstverständlich. Sie tat das ja immer. Und sie hat nie mehr gesagt als: So spät wieder. Aber das sagte sie jedesmal. Und ich dachte, das könnte nie aufhören. Es war mir so selbstverständlich. Das alles. Es war doch immer so gewesen.

Einen Atemzug lang war es ganz still auf der Bank. Dann sagte er leise: Und jetzt? Er sah die anderen an. Aber er fand sie nicht. Da sagte er der Uhr leise ins weißblaue runde Gesicht: Jetzt, jetzt weiß ich, daß es das Paradies war. Das richtige Paradies.

Auf der Bank war es ganz still. Dann fragte die Frau: Und Ihre Familie?

Er lächelte sie verlegen an: Ach, Sie meinen meine Eltern? Ja, die sind auch mit weg. Alles ist weg. Alles, stellen Sie sich vor. Alles weg. Er lächelte verlegen von einem zum anderen. Aber sie sahen ihn nicht an.

Da hob er wieder die Uhr hoch und er lachte. Er lachte: Nur sie hier. Sie ist übrig. Und das schönste ist ja, daß sie ausgerechnet um halb drei stehen geblieben ist. Ausgerechnet um halb drei.

Dann sagte er nichts mehr. Aber er hatte ein ganz altes Gesicht. Und der Mann, der neben ihm saß, sah auf seine Schuhe. Aber er sah seine Schuhe nicht. Er dachte immerzu an das Wort Paradies.

Erzählende Texte

Innerhalb der erzählenden Texte gibt es ganz unterschiedliche Arten. Sie können nach ihrer Länge oder anderen formalen Besonderheiten voneinander unterschieden werden. Die folgende Übersicht über die verschiedenen Arten erzählender Texte nennt Ihnen wichtige Erzählformen mit einigen besonderen Eigenschaften und Aspekte, auf die Sie beim Interpretieren achten sollten:

Erzählform/Textart	Charakteristische Eigenschaften
Erzählung	Epische Kleinform (bis ca. 20 S.), deren Aufbau nicht festgelegt ist, die aber über eine in Schritten entwickelte, meist realistische Handlung und über Nebenhandlungen verfügt.
Fabel	Kurztext, der eine Moral oder Lehre vermitteln will, die auch meist genannt wird. Tiere werden mit typischen menschlichen Eigenschaften ausgestattet und können in der Fabel sprechen.
Kurzgeschichte	Kurze, prägnante, auf einen Höhepunkt zulaufende Geschichte, deren Helden oft gesellschaftliche Außenseiter in Grenzsituationen sind. Formale Merkmale: offener Anfang, offenes Ende (keine Einleitung, kein abgerundeter Schluss, realistische, nüchterne Schreibweise).
Kürzestgeschichte	Extrem kurzer epischer Text (ca. 1 S.) ohne entwickelte Handlung. Betont einfache Wortwahl; Schilderung (scheinbar) einfacher Situationen.
Novelle	Konzentrierte, meist kurze Erzählung, die einen krisenhaften Vorgang schildert und sich ohne Nebenhandlungen darauf konzentriert. Sie enthält einen deutlich erkennbaren Höhe- und Wendepunkt, aber auch einen abgerundeten Ausklang, zu dem meist durch ein „Dingsymbol" hingeführt wird.
Parabel	Kurze, lehrhafte Erzählung, in der ein bildhaftes Beispiel dazu anregen soll, nachzudenken und eine allgemeine Einsicht zu finden.
Roman	Epische Großform, die mehrere Handlungsstränge und Hauptfiguren enthält.

2 Zu welcher Textart gehört W. Borcherts Geschichte „Die Küchenuhr“? Begründen Sie Ihre Entscheidung.

Die Einleitung

Am Beginn einer Interpretation steht stets die knappe **Einleitung,** die die Leser überblickartig informiert über:

- die Textart, den Titel, den Autor/die Autorin,
- evtl. die Entstehungszeit,
- das Thema,
- möglicherweise auch schon einige leitende Gesichtspunkte der folgenden Interpretation (auf jeden Fall, wenn diese in der Aufgabenstellung vorgegeben sind).

3 Bestimmen Sie – möglichst allgemein – das Thema der Geschichte „Die Küchenuhr“.

Beachten Sie Die Herausstellung von Teilaspekten bereits im einleitenden Satz ist dann sinnvoll, wenn diese durch die Aufgabenstellung gefordert sind. Allerdings sollten sie das Ergebnis der Interpretation nicht vorwegnehmen; also nicht: *In der Kurzgeschichte „Die Küchenuhr“ von W. Borchert wird die Unmenschlichkeit des Krieges anhand der Darstellung der Kriegsfolgen für den Einzelnen ...*

4 Schreiben Sie einen einleitenden Satz zu der Geschichte „Die Küchenuhr“.

Beachten Sie In der Regel schließt sich **als Verbindung** zwischen Einleitung und eigentlicher Analyse an den einleitenden Satz eine **kurze Textzusammenfassung** an. Zwar ist diese nicht grundsätzlich gefordert, doch ist sie sinnvoll, da Sie damit Ihr eigenes Textverständnis sichern können und auch dem Leser Ihrer Interpretation das Verständnis Ihres Aufsatzes erleichtern.

5 Gliedern Sie die Geschichte in mit Überschriften versehene Abschnitte (vgl. 1.4).

6 Fertigen Sie eine knappe Inhaltsangabe der Geschichte „Die Küchenuhr“ an. Achten Sie dabei auf die korrekte Form (vgl. die Informationen auf S. 19).

An Einleitung und Inhaltsangabe schließt sich die eigentliche Untersuchung des Textes an. Es gibt verschiedene Gesichtspunkte, nach denen Sie einen Text analysieren können. Sie werden in den folgenden Abschnitten alle wichtigen Aspekte der Untersuchung eines erzählenden Textes kennenlernen und ausprobieren können. Darüber hinaus erhalten Sie auch einige Tipps, wie Sie die Schwerpunkte Ihrer Interpretation leichter ermitteln können.

2.2 Die Erzählweise

Erinnern Sie sich

Der Handlungsaufbau
Mit dem Aufbau der Handlung haben Sie sich bereits beschäftigt, während Sie eine Gliederung des Textes in Sinnabschnitte vorgenommen haben. Auch wenn es nicht auf alle epischen Texte zutrifft, sollten Sie sich zunächst fragen, ob der Text eine erkennbare Einleitung, einen deutlichen Erzählhöhepunkt sowie einen abgerundeten Schluss besitzt.

1 **Formulieren Sie für Texte, die diesem Aufbau folgen, die allgemeine Funktion von Einleitung, Höhepunkt und Schluss.**

2 **Beschreiben Sie den Anfang und das Ende der Geschichte „Die Küchenuhr" mit eigenen Worten.**

3 **Wo befindet sich in der Geschichte der Erzählhöhepunkt?**

Wer erzählt eigentlich? Die Erzählperspektive

Wolfgang Borchert erzählt, wie er zu einer Gruppe anderer Leute kommt, die auf einer Parkbank sitzen, ...

4 **Warum ist dieser Satz missverständlich?**

Hinter diesem Missverständnis steht ein anderes Problem – die Unklarheit darüber, wer eigentlich die Geschichte erzählt. Wolfgang Borchert selbst ist es in diesem Fall nicht, denn es ist schon von der Geschichte her unwahrscheinlich, dass es sich um einen autobiografischen Text handelt.

Erzähler – Verfasser – zentrale Figur

Außerhalb des Sonderfalls, dass es um einen autobiografischen Text geht, muss man **Erzähler** und **Verfasser** strikt **voneinander unterscheiden.**
Daher gilt:

- Sprechen Sie, wenn Sie sich auf den Inhalt beziehen, nicht vom Verfasser, sondern von dem **Erzähler**/der **Erzählerin**. Wenn es um die Handlung selbst geht, sprechen Sie von der **zentralen Figur der Erzählung.**

▶ Nur wenn Sie über den Text selbst, seine besondere Gestaltung, z. B. in Wortwahl und Satzbau, oder über seine Aussageabsicht sprechen, beziehen Sie sich auf den **Verfasser** oder die **Verfasserin.**

5 Prüfen Sie an folgenden Beispielen, ob Verfasser, Erzähler und zentrale Figur richtig auseinandergehalten wurden oder nicht, und verbessern Sie nötigenfalls die Formulierung.

a) Wolfgang Borchert zeigt, wie er im Krieg alles verloren hat und ihm die früher selbstverständliche Fürsorge seiner Mutter nun wie das Paradies vorkommt.

b) Es wird deutlich, wie die Verzweiflung des jungen Mannes auch auf die anderen Leute wirkt.

c) Der Erzähler schildert den anderen, wie seine Mutter für ihn gesorgt hat, wenn er nachts sehr spät nach Hause gekommen ist.

Die Erzählperspektive

Inhaltlich besteht ein Unterschied darin, ob z. B. ein Sportereignis aus der Sicht eines Fans oder eines Reporters beschrieben wird oder ob z. B. eine Beteiligte oder eine Zeugin über einen Unfall berichtet.
Die Sicht, aus der etwas erzählt wird, nennt man bei literarischen Texten die **Erzählperspektive.**
Inhaltlich bedeutsam ist die Erzählperspektive vor allem deshalb, weil sie eine unterschiedliche Einstellung des Erzählers zum Erzählten ermöglicht. Der Erzähler kann das Geschehen selbst erleben, er kann aber auch so schreiben, als stünde er „über" den Personen und würde die Gedanken aller für die Handlung wichtigen Figuren kennen. Er kann auch einfach nur als „Berichterstatter" auftreten, ohne sich um besondere Motive und Gedanken zu kümmern.

6 **Welche Einstellung zum Erzählten nimmt der Erzähler in „Die Küchenuhr“ ein?**

Erzähler und Erzählperspektive

Grob wird zwischen der **Ich-Form** und der **Er-Form** unterschieden. Die Ich-Form ist unproblematisch: Der Erzähler berichtet ein Geschehen oder eine Situation aus seiner Sicht, wobei er seine Gefühle, Gedanken und Empfindungen in die Geschichte mit einfließen lassen kann.

Komplizierter ist die Sache bei der Er-Form, denn dabei unterscheidet man zwischen:

auktorialem Erzähler, das ist ein Erzähler, der sich nicht nur auf die Wiedergabe eines Geschehens in der 3. Person beschränkt, sondern die Auswirkungen des Geschehens auf die Gefühle und Gedanken mehrerer, manchmal aller Beteiligten kennt und sich auch kommentierend in das Geschehen einmischt. Im letzten Fall spricht man dann vom **allwissenden Erzähler.**	**neutralem Erzähler,** der sich allein auf die Wiedergabe des Geschehens in der 3. Person beschränkt, sich selbst dabei aber weitgehend zurücknimmt.	**personalem Erzähler,** der das Geschehen äußerlich in der 3. Person wiedergibt, es aber deutlich aus der Sicht einer bestimmten beteiligten Person erzählt, deren Gefühle etc. ausführlich geschildert werden. Es besteht nur eine „scheinbare Neutralität“, sodass die personale Erzählform zwischen der Ich- und der auktorialen Form steht.

Entsprechend spricht man von
- der Ich-Perspektive,
- der auktorialen Erzählperspektive,
- der neutralen Erzählperspektive,
- der personalen Erzählperspektive.

7 **Ein Experiment, das vielleicht etwas aufwendig erscheinen mag, aber auch Spaß machen kann und für die Wahrnehmung der Erzählperspektive sensibilisiert:**

Formen Sie die Geschichte „Die Küchenuhr“ um

a) in die Ichform aus der Sicht eines der Menschen auf der Bank oder

b) in die auktoriale Erzählform.

Die Darstellung der „inneren Handlung“ – erlebte Rede und innerer Monolog

Erlebte Rede und innerer Monolog

Während ein auktorialer und ein neutraler Erzähler einen Handlungsvorgang eher von außen, also aus der **Außensicht (Außenperspektive),** wahrnehmen, verwenden Ich-Erzähler und personaler Erzähler die **Innensicht (Innenperspektive).**
Sie beziehen die Gedanken und Gefühle einer oder mehrerer Figuren in ihre Erzählung mit ein. Dazu werden zwei **Stilmittel** eingesetzt, mit deren Hilfe indirekt viel über die jeweilige Figur und ihre Gedankenwelt ausgesagt werden kann: die **erlebte Rede** und der **innere Monolog.**

Beispiel

So könnte ein Einschub mit erlebter Rede in der Kurzgeschichte von Wolfgang Borchert z. B. lauten:
„Hatte er ihnen denn etwas getan, dass sie ihn alle anschwiegen? Verstanden sie sein Lachen nicht? Sahen sie denn seine Verzweiflung nicht ...? Und alle diese Menschen hatten doch genauso den Krieg erlebt und wussten, wie er war.“

Verwendung von erlebter Rede und innerem Monolog

Die **erlebte Rede** wird verwendet, wenn der Erzähler z. B. Gedanken der gerade im Vordergrund stehenden Person wiedergibt. Damit nimmt sie eine Zwischenposition ein zwischen objektivem Erzählen einerseits und stummen Kommentierungen oder Erwägungen einer Figur andererseits. Die erlebte Rede wird in der 3. Person und in der Vergangenheitsform geschrieben.
Der **innere Monolog** bezeichnet etwas Ähnliches, nämlich die Wiedergabe von unausgesprochenen Gedanken, allerdings aus der Sicht der handelnden Person selbst, also eine Art Selbstgespräch; daher wird in der 1. Person und im Präsens geschrieben.

8 **Wandeln Sie die oben stehende ausgedachte erlebte Rede zu „Die Küchenuhr“ in einen inneren Monolog um. Setzen Sie diesen fort.**

Beachten Sie Allerdings ist es mit einer bloßen Kenntnis und Erwähnung der Erzählperspektive nicht getan. Denken Sie an den Grundsatz: **Beobachtungen am Text werden für die Interpretation nur wertvoll in Verbindung mit ihrem Aussagegehalt.**

Für die Erzählperspektive ergeben sich daraus die Fragen: Was sagt die Erzählperspektive über die Darstellung einer Figur aus? Was bewirkt sie für die Wahrnehmung einer Figur durch den Leser?

Leitfragen zur Beschreibung der Erzählweise

Insgesamt sollten Sie also beim Beschreiben der **Erzählweise** darauf achten,

1. wie der Text aufgebaut ist, ob chronologisch oder mit Brüchen erzählt wird.
2. ob Einleitung, Höhepunkt und Schluss deutlich erkennbar sind und welche Funktionen sie für den erzählenden Text haben,
3. welche Erzählperspektive gewählt wird,
4. ob innerhalb der gewählten Perspektive die Innensicht oder die Außensicht überwiegt,
5. mit welchen erzählerischen Mitteln die Innenperspektive dargestellt ist und
6. was das über die jeweilige Figur aussagt bzw. wie es sich zur Autorintention verhält.

9 **Beschreiben Sie nun in zusammenhängender Form die Erzählweise der Kurzgeschichte „Die Küchenuhr".**

Die Charakterisierung der Hauptperson(en)

10 **Tragen Sie alle Informationen zusammen, die Sie der Geschichte „Die Küchenuhr" über die Hauptfigur entnehmen können.**

11 **Versuchen Sie, diese Informationen den Oberbegriffen Erscheinungsbild, Verhaltensweisen und Äußerungen und Gedanken zuzuordnen. Legen Sie dazu drei Tabellen an.**

Beschreibung der Hauptperson(en)

In einem erzählenden Text sind die Personen oft von gleicher Bedeutung wie die Handlung. Das gilt vor allem aber für die Hauptpersonen, die die Handlung tragen oder in ihrem Mittelpunkt stehen. Deshalb besteht eine wichtige Aufgabe des Interpretationsaufsatzes darin, die Hauptpersonen in ihrer Erscheinung und ihrem Verhalten zu beschreiben und diese Beschreibung auf die Handlung und die Aussageabsicht des Textes zu beziehen.

Wichtige Hinweise dafür:

- Achten Sie auf alle Geschehnisse, Kommentare etc., die im Zusammenhang mit der zu charakterisierenden Figur stehen. Auch scheinbare Nebensächlichkeiten können wichtig werden.
- Berücksichtigen Sie, soweit möglich, das äußere Erscheinungsbild.
- Gibt es Äußerungen und Gedanken, die für die Figur typisch sind?
- Suchen Sie nach Motiven für auffällige Verhaltensweisen.
- Überprüfen Sie, ob der Erzähler die Figur direkt oder indirekt beurteilt.
- Hilfreich ist es, wenn Sie sich die Figur bildlich vorstellen.
- Schreiben Sie die Charakteristik im Präsens.

In der Geschichte „Die Küchenuhr" ist es zunächst der Erzähler, der die Informationen über den jungen Mann gibt. Wenn Sie die Geschichte noch einmal betrachten, wird Ihnen noch eine andere Art auffallen, wie die Hauptfigur charakterisiert wird.

12 **Beschreiben Sie, was die wörtliche Rede zur Charakterisierung des jungen Mannes in W. Borcherts Geschichte beiträgt.**

Charakterisierung der Figuren

Personen werden in erzählenden Texten charakterisiert

a) auf **direkte** Art und Weise, indem - der Erzähler die Person beschreibt, - das Verhalten der Person durch den Erzähler kommentiert wird, - sich andere Personen über die betreffende Figur äußern.	b) auf **indirekte** Art und Weise, indem - die Figur selbst etwas sagt, was über ihren Charakter Aufschluss gibt, - über ihr Verhalten von anderen Personen berichtet wird.

13 **Arbeiten Sie in einer geordneten Zusammenstellung heraus, wo in der Geschichte „Die Küchenuhr" die Hauptperson direkt und wo sie indirekt charakterisiert wird.**

14 **Nachfolgend können Sie drei Einschätzungen zum jungen Mann aus W. Borcherts Geschichte lesen. Wie beurteilen Sie diese Einschätzungen?**

a) *Der junge Mann sieht arm und mittellos aus, als er sich zu den anderen auf die Bank setzt. Ohne dass sie ihn fragen, bedrängt er sie mit seiner Geschichte, was auf einen ziemlich aufdringlichen Charakter schließen lässt.*

b) *Die Hauptperson, die in der Geschichte keinen Namen hat, ist ein unbekannter Flüchtling. Er hat anscheinend im Krieg alles verloren. Und so, wie er über die Küchenuhr und seine verstorbene Mutter erzählt, muss man befürchten, dass ihn der Krieg auch um den Verstand gebracht hat.*

c) *Der junge Mann setzt sich zu den anderen auf die Bank und erzählt ihnen seine Geschichte, um Mitleid zu erregen und vielleicht auch, damit ihm geholfen wird. Das kann man aus seiner armseligen Kleidung schließen und aus dem Inhalt seiner Erzählung.*

Leitfragen zur Charakterisierung der Hauptfigur(en)

In der Charakterisierung soll deutlich werden, **in welchem Verhältnis die Hauptfiguren zur Aussageabsicht des Textes stehen.** Handeln sie für den Leser überraschend oder berechenbar? Will der Verfasser Sympathie für seine Hauptfiguren erreichen oder will er, dass ihnen die Leser Mitgefühl oder gar Antipathie entgegenbringen? Schildert er sie als gewöhnliche oder als außergewöhnliche Charaktere und in welchem Zusammenhang steht das zur Autorintention?
Sie können sich für die **Personencharakterisierung** an folgenden Fragen orientieren:

1. Was wird über das **Aussehen** der Figur mitgeteilt? Sieht sie „normal“ aus oder gibt es irgendwelche Auffälligkeiten?
2. Welchen **Beruf** übt die Person aus, welche **gesellschaftliche Funktion** bekleidet sie?
3. Wie kann man das **Verhalten** beschreiben? Welche **Interessen, Angewohnheiten** und besonderen **Eigenschaften** hat die Person? Wie passt ihr Verhalten zu ihrer gesellschaftlichen Position?
4. Was erfahren wir über die **Hintergründe** für dieses Verhalten? Gibt es bestimmte Schlüsselerlebnisse oder lassen sich solche vermuten? Wie wirken sie sich auf das Verhalten aus?
5. In welchem **Verhältnis** steht die Person **zu anderen Figuren, Institutionen** oder **Gegenständen** im Text?
6. Wie sieht der (Er-)Erzähler die Hauptperson? Gibt es Anzeichen für eine **Wertung?**
7. Wie sieht sich die **Person selbst?** Entspricht das der Wahrnehmung durch den Erzähler oder widerspricht es ihr?

15 Versuchen Sie nun, eine zusammenhängende Beschreibung des jungen Mannes aus „Die Küchenuhr“ zu verfassen. Berücksichtigen Sie die äußeren Eindrücke und die Charaktereigenschaften, die Sie aus dem Text herausgearbeitet haben.

Das Verhältnis der Figuren zueinander

Haupt- und Nebenfiguren

Wenn Sie es in einem erzählenden Text mit zwei oder mehreren Personen zu tun haben, ist es nicht nur von Interesse, welche Person im Mittelpunkt des Geschehens steht und wie sie sich verhält. Auch andere, scheinbar unwichtige Figuren sind von Bedeutung.

16 Sehen Sie sich in „Die Küchenuhr" an, wie sich die Menschen, die auf der Bank sitzen, gegenüber dem jungen Mann verhalten. Ist ihr Verhalten über den erzählten Zeitraum hinweg einheitlich oder verändert es sich?

17 Kann man eine bestimmte Haltung erkennen, die die anderen in Bezug auf die Hauptfigur einnehmen? Beurteilen Sie die folgenden Einschätzungen:

a) *Die anderen Leute bilden einen Gegensatz zu dem jungen Mann – sie sagen kaum etwas und sind vielleicht auch nicht allzu überzeugt von seiner Geschichte.*

b) *Die anderen Menschen ergänzen die Darstellung der Hauptfigur. Sie widersprechen dem jungen Mann nicht und handeln nicht gegen ihn, sondern erkennen, dass er die Wahrheit sagt.*

c) *In der Reaktion der anderen spiegelt sich das Schicksal des jungen Mannes. Zuerst trauen sie ihm nicht recht und halten ihn mit seiner Küchenuhr vielleicht für etwas verrückt, aber am Schluss sind sie betroffen. Sie haben Mitleid mit ihm und erkennen in seiner Erzählung vielleicht auch etwas von ihrem eigenen Schicksal.*

Verhältnis von Haupt- und Nebenfiguren

Haupt- und Nebenfiguren in erzählenden Texten stehen oft in einem bestimmten Verhältnis zueinander. Sie können Gegensätze bilden oder einander ergänzen und unterstützen. In den Reaktionen von Nebenfiguren können sich Hauptfiguren „spiegeln". Die Figur (und mit ihr der Leser) wird mit möglichen Deutungen und Einschätzungen ihres Verhaltens konfrontiert. Daher ist im Rahmen der Charakterisierung einer Person immer ihr Verhältnis zu anderen, auch scheinbar weniger wichtigen Figuren mit zu bedenken.

Wenn Sie erklärt haben, wie eine Haupt- oder Nebenperson in einem literarischen Text gesehen wird, müssen Sie sich überlegen, was diese Darstellung zur Aussageabsicht des Textes beiträgt. **Bedenken Sie also, was die Charakterisierung der Hauptperson in Bezug auf die Gesamtaussage des Textes bedeuten könnte.**

2.3 Weitere Strukturmerkmale: Zeit und Raum

Die Gestaltung des zeitlichen Ablaufs

Zeitlupe und Zeitraffer

Aus Sportsendungen des Fernsehens kennen Sie die Wiederholung von besonders wichtigen Momenten, z. B. von erzielten Toren im Fußball oder vom Zieleinlauf bei den Laufdisziplinen. Um das Entscheidende zu verdeutlichen und genau nachvollziehbar zu machen, wird es besonders langsam wiedergegeben. Das nennt man in der Filmsprache **Zeitlupe.**
Umgekehrt gibt es den Fall, dass man ein Geschehen im Film schneller wiedergibt, als es in Wirklichkeit dauert, z. B. das Öffnen einer Blüte, das Stunden oder Tage dauert und normalerweise nicht mitzuverfolgen wäre. Die beschleunigte Wiedergabe hat den Zweck, einen Überblick über das gesamte Geschehen zu geben. In der Filmsprache nennt man diese Technik **Zeitraffer.** Diese Begriffe aus der Filmsprache haben Eingang in die Untersuchung von erzählenden Texten gefunden.

Zwei Übungen können Ihnen das verdeutlichen:

1. **Notieren Sie in einem einzigen, nicht unbedingt kurzen, aber noch überschaubaren Satz, was für Sie in Ihren letzten großen Ferien von Bedeutung war.**

2. **Halten Sie nun umgekehrt möglichst genau in einem Absatz (ca. 4 bis 5 Sätze) das Geschehen eines einzigen Augenblicks aus Ihrer Erinnerung oder Fantasie fest.**

Erzählzeit und erzählte Zeit

Wie Sie an den beiden Aufgaben gesehen haben, kann man einen zeitlichen Ablauf bewusst sprachlich gestalten. Bei der Analyse von erzählenden Texten spricht man dann vom **Verhältnis von Erzählzeit und erzählter Zeit.**

- Unter **Erzählzeit** versteht man die Zeit, die der Leser zum Lesen benötigt. Als
- **erzählte Zeit** bezeichnet man die Zeitdauer des Vorgangs, der berichtet wird. Natürlich kann es keine Deckungsgleichheit zwischen beiden geben, denn sonst würde man ja zum Lesen der meisten Romane und mancher Erzählung Jahre benötigen. Wenn aber der Erzähler Gedanken und Gespräche Wort für Wort übermittelt und auch einzelne Vorgänge beschreibt, handelt es sich um **zeitdeckendes Erzählen.** Ist die Erzählzeit sehr viel kürzer als die erzählte Zeit, handelt es sich um **zeitraffendes Erzählen.** Man kann dann einen schnellen Überblick über ein Geschehen geben, was aber auf Kosten der Genauigkeit geht.

Umgekehrt sprechen wir von **zeitdehnendem** Erzählen, wenn die Erzählzeit länger wirkt als die erzählte Zeit. In längeren erzählenden Texten werden dann vor allem Gedankengänge ausführlich wiedergegeben.

3 **Beschreiben Sie das Verhältnis von Erzählzeit und erzählter Zeit in „Die Küchenuhr".**

4 **Welcher Sachverhalt wird sehr genau wiedergegeben? Mit welchen Mitteln geschieht dies? Was bedeutet dies in Bezug auf die Aussageabsicht der Geschichte?**

Der Raum

Der Raum als Gestaltungsmittel

Ein weiteres Mittel zur Gestaltung eines erzählenden Textes und zur indirekten Charakterisierung der Figuren ist der **Raum.** Er kann sich sowohl auf die Handlung auswirken als auch indirekt Aussagen über am Geschehen beteiligte Personen machen. Der Raum kann beiläufig, aber auch sehr ausführlich geschildert werden. Übrigens: „Raum" ist in unserem Zusammenhang nicht gleichbedeutend mit „Zimmer", sondern bezeichnet die jeweilige Umgebung, also etwa Dorf, Stadt, Gebäude, Landschaft etc. Einige **Orientierungsfragen** sind:

- Um was für einen Raum bzw. um welche Umgebung handelt es sich?
- Wie passt dieser Raum zu der Person, die sich in ihm aufhält?
- Wie passt dieser Raum zu den Handlungen bzw. den Empfindungen der geschilderten Personen?
- Agiert oder empfindet die Figur in verschiedenen Umgebungen unterschiedlich?

5 **Es ist *kein Ort* angegeben, an dem die Geschichte „Die Küchenuhr" spielt. Welche Schlussfolgerung lässt sich daraus ziehen? Berücksichtigen Sie die mögliche Aussageabsicht des Autors.**

6 **Geben Sie eine knappe Beschreibung der Räumlichkeiten, die in „Die Küchenuhr" eine Rolle spielen.**

7 **Beschreiben Sie das Verhalten des jungen Mannes in diesen beiden „Räumen".**

2.4 Sprachanalyse

Sprachliche Mittel

Über die Ermittlung von Thema, Aufbau, Erzählweise, Zeitstruktur und Raum hinaus sollten Sie bei der Analyse erzählender Texte zeigen, mit welchen besonderen sprachlichen Mitteln der Verfasser arbeitet und was diese zur Gesamtaussage beitragen. Dazu gehören die Wortwahl, der Satzbau, die Modalität und bestimmte rhetorische Figuren.

Wortwahl

In den folgenden Aufgaben bearbeiten Sie wichtige Aspekte zur Wortwahl in der Geschichte „Die Küchenuhr".

1. **Mit welchen Adjektiven und Adverbialen wird in Z. 12 – 25 die Küchenuhr beschrieben?**

2. **Die Zeilen 44 – 69 enthalten mehrere Wiederholungen. Markieren Sie diese im Text und bestimmen Sie, was durch sie bewirkt wird.**

3. **Stellen Sie aus Z. 114 – 121 die Verben zusammen, die zur Beschreibung der Stimmung am Ende der Geschichte dienen.**

Die sprachlichen Merkmale eines Textes

Bevor Sie sich mit der Verteilung der Wortarten befassen, sollten Sie den Text auf seine **Sprachschicht** im Allgemeinen prüfen: Ist er umgangssprachlich geschrieben? Wenn nicht: In welchem Maße weicht er von der Umgangssprache ab?
Dabei können Sie darauf achten, ob einzelne Wörter auffallen, etwa Wortneubildungen (Neologismen) oder altertümelnde Ausdrücke (Archaismen) oder auch Slang-Ausdrücke („Zoff!"). (In „Die Küchenuhr" ist das nicht der Fall.)
Prüfen Sie daraufhin, ob der Text bestimmte **Schlüsselwörter** enthält. Dabei handelt es sich um Wörter, die entweder wiederholt im Text vorkommen oder die eine erkennbar herausgehobene Stellung im Text haben, z. B. in Verbindung mit dem Titel.

4. **In unserer Beispielgeschichte kann man die Küchenuhr selbst sowie die Uhrzeit „halb drei" als Schlüsselbegriffe ansehen, da sie mehrfach wiederholt werden und an zentralen Stellen des Textes stehen. Bestimmen Sie ihre Bedeutung.**

Leitfragen für eine Untersuchung der Wortwahl

- Lässt sich eine Häufung von Wörtern feststellen, die zu bestimmten Wortfeldern (inhaltlich verwandten Wörtern) und Motivkreisen gehören?
- Enthält der Text **Schlüsselwörter?**
- Überwiegen im Text bestimmte **Wortarten?**
- Welche **Sprachschicht** wird verwendet?, z. B.
  - Umgangssprache
  - Dialekt
  - „gehobene“ Sprache
  - Slang
  - Fachsprache
  - Behördendeutsch
- Gibt es Wörter von besonders hohem gefühlsmäßigem Ausdruckswert? Oder wird vielleicht eine besonders dramatische Situation mit betont nüchterner Wortwahl geschildert? Wenn ein Kontrast zwischen dem Thema und seiner sprachlichen Ausgestaltung besteht: Was ist damit möglicherweise beabsichtigt?
- Erscheinen Wörter in ungewöhnlichen Kombinationen oder gibt es sogar Neubildungen?

Für alle Aspekte gilt: Wenn Sie Auffälligkeiten feststellen, listen Sie diese nicht nur auf, sondern erklären Sie deren Funktion für den gesamten Text. **Stellen Sie immer heraus, welche Wirkung von der entsprechenden Wortwahl ausgeht.**
Natürlich werden nicht alle diese Möglichkeiten in jedem Text genutzt. Berücksichtigen Sie für Ihre Interpretation nur echte Auffälligkeiten.

5 Stellen Sie die Begriffe (Adjektive, Adverbien, Verben), mit denen der Ich-Erzähler in Kafkas Erzählung „Der Nachbar” (S. 14) sich selbst charakterisiert, denen gegenüber, mit denen er Harras beschreibt. Ziehen Sie Schlussfolgerungen in Bezug auf die Aussage.

Satzbau

Betrachten Sie nochmals genau die Kurzgeschichte „Die Küchenuhr“ von W. Borchert (S. 20 f.). Achten Sie jetzt auf den Satzbau.

Folgende Fragen und Hinweise können Ihnen bei der Untersuchung helfen:

Leitfragen und Hinweise zur Untersuchung des Satzbaus

- Fallen bestimmte **Satzarten** auf? So lässt z. B. die Häufigkeit von Ausrufen auf Erregung schließen, ebenso wie die wiederholte Verwendung von Einwort- oder verkürzten Sätzen.
- Gibt es Auffälligkeiten in der **Satzlänge?** Lange, verschachtelte Sätze bringen die Intensität einer Beschreibung oder das Schwierige einer Empfindung zum Ausdruck; kurze, möglicherweise unvollständige Sätze erwecken oft einen Eindruck von Hast.
- Wie sind die **Satzglieder** bzw. **Teilsätze** miteinander **verknüpft?** Eine eher unzusammenhängende Sicht der Dinge bzw. Situation kann wiedergegeben werden durch einen **parataktischen,** d. h. Hauptsätze aneinanderreihenden **Satzbau.** Werden vorwiegend Satzgefüge, also Verbindungen von Haupt- und Nebensätzen, eingesetzt, handelt es sich um **hypotaktischen Satzbau.** Er eignet sich besonders dazu, den Zusammenhang der Dinge und die Art und Weise dieses Zusammenhangs wiederzugeben.

Beachten Sie Nicht immer, wenn einmal zwei unverbundene kurze Hauptsätze hintereinanderstehen oder zwei Satzgefüge aufeinanderfolgen, ist das gleich eine stilistische Auffälligkeit! Achten Sie darauf, inwieweit die Satzgestaltung wirklich „aus dem Rahmen fällt" und welche Beziehung zur Aussageabsicht besteht. **Erst als sprachliche Auffälligkeit wird Ihre Beobachtung für die Interpretation nutzbar.**

Bearbeiten Sie folgende Aufgaben zu W. Borcherts Kurzgeschichte „Die Küchenuhr":

6 **Sind die verwendeten Sätze eher kurz, eher lang oder durchschnittlich lang?**

7 **Welche Satzart dominiert: Aussage-, Frage- oder Ausrufesatz?**

8 **Kommen verkürzte, grammatisch unvollständige Sätze eher häufig oder eher selten vor?**

9 **Setzen Sie Ihre Ergebnisse in Beziehung zu der von Ihnen vermuteten Aussageabsicht der Geschichte.**

10 **Nehmen Sie jetzt eine Untersuchung des Satzbaus der Geschichte „Der Nachbar" vor. Stellen Sie Ihre Beobachtungen in Beziehung zur vermuteten Aussageabsicht des Autors.**

Modalität

11 **Was fällt Ihnen sprachlich an dem folgenden Text auf?**

Bertolt Brecht: Wenn die Haifische Menschen wären

„Wenn die Haifische Menschen wären“, fragte Herrn K. die kleine Tochter seiner Wirtin, „wären sie dann netter zu den kleinen Fischen?“ „Sicher“, sagte er. „Wenn die Haifische Menschen wären, würden sie im Meer für die kleinen Fische gewaltige Kästen bauen lassen, mit allerhand Nahrung drin, sowohl Pflanzen als auch Tierzeug. Sie würden sorgen, dass die Kästen immer frisches Wasser hätten, und sie würden überhaupt allerhand sanitäre Maßnahmen treffen. Wenn zum Beispiel ein Fischlein sich die Flosse verletzen würde, dann würde ihm sogleich ein Verband gemacht, damit es den Haifischen nicht wegstürbe vor der Zeit. Damit die Fischlein nicht trübsinnig würden, gäbe es ab und zu große Wasserfeste; denn lustige Fischlein schmecken besser als trübsinnige. Es gäbe natürlich auch Schulen in den großen Kästen. In diesen Schulen würden die Fischlein lernen, wie man in den Rachen der Haifische schwimmt. Sie würden zum Beispiel Geografie brauchen, damit sie die großen Haifische, die faul irgendwo liegen, finden könnten. Die Hauptsache wäre natürlich die moralische Ausbildung der Fischlein. Sie würden unterrichtet werden, dass es das Größte und Schönste sei, wenn ein Fischlein sich freudig aufopfert, und dass sie alle an die Haifische glauben müssten, vor allem, wenn sie sagten, sie würden für eine schöne Zukunft sorgen. Man würde den Fischlein beibringen, dass diese Zukunft nur gesichert sei, wenn sie Gehorsam lernten. Vor allen niedrigen, materialistischen, egoistischen und marxistischen Neigungen müssten sich die Fischlein hüten und es sofort den Haifischen melden, wenn eines von ihnen solche Neigungen verriete. Wenn die Haifische Menschen wären, würden sie natürlich auch untereinander Kriege führen, um fremde Fischkästen und fremde Fischlein zu erobern. Die Kriege würden sie von ihren eigenen Fischlein führen lassen. Sie würden die Fischlein lehren, dass zwischen ihnen und den Fischlein der anderen Haifische ein riesiger Unterschied bestehe. Die Fischlein, würden sie verkünden, sind bekanntlich stumm, aber sie schweigen in ganz verschiedenen Sprachen und können einander daher unmöglich verstehen. Jedem Fischlein, das im Krieg ein paar andere Fischlein, feindliche, in anderer Sprache schweigende Fischlein tötete, würden sie einen kleinen Orden aus Seetang anheften und den Titel Held verleihen. Wenn die Haifische Menschen wären, gäbe es bei ihnen natürlich auch eine Kunst. Es gäbe schöne Bilder, auf denen die Zähne der Haifische in prächtigen Farben, ihre Rachen als reine Lustgärten, in denen es sich prächtig tummeln lässt, dargestellt wären. Die Theater auf dem Meeresgrund würden zeigen, wie heldenmütige Fischlein begeistert in die Haifischrachen schwimmen, und die Musik wäre so schön, dass die Fischlein unter ihren Klängen, die Kapelle voran, träumerisch, und in allerangenehmste Gedanken eingelullt, in die Haifischrachen strömten. Auch eine Religion gäbe es, wenn die Haifische Menschen wären. Sie würde lehren, dass die Fischlein erst im Bauch der Haifische richtig zu leben begännen. Übrigens würde es aufhören, wenn die Haifische Menschen wären, dass alle Fischlein, wie es jetzt ist, gleich sind. Einige von ihnen würden Ämter bekommen und über die anderen gesetzt werden. Die ein wenig größeren dürften sogar die kleineren auffressen. Das wäre für die Haifische nur angenehm, da sie dann selber öfter größere Brocken zu fressen bekämen. Und die größeren, Posten habenden Fischlein würden für die Ordnung unter den Fischlein sorgen, Lehrer, Offiziere, Ingenieure im Kastenbau usw. werden. Kurz, es gäbe überhaupt erst eine Kultur im Meer, wenn die Haifische Menschen wären."

12 **Wie stellt Brecht die besonderen menschlichen Eigenschaften und Errungenschaften, z. B. kultureller Art, dar? Und: Welche Absicht könnte er damit verfolgen?**

Der Erzählmodus

Der **Konjunktiv** hat als Modus (Aussageform) des Verbs, im Gegensatz zum **Indikativ** als „Wirklichkeitsform", zwei grundsätzliche Funktionen:

- Er bezeichnet das nicht Existierende (Irrealis).
- Er bezeichnet das im Rahmen des Möglichen Liegende (Potentialis).

13 **Welche der beiden Verwendungsweisen des Konjunktivs liegt in der Geschichte von Brecht vor? Und was sagt der Text tatsächlich aus?**

14 **Zur Textart: Erklären Sie, warum es sich bei dem Text von Brecht um eine Parabel (vgl. S. 22) handelt.**

15 **Beschreiben Sie nun zusammenhängend die Sprache der Parabel (also auch Wortwahl und Satzbau) und verbinden Sie diese mit der von Ihnen ermittelten Aussageabsicht.**

16 **Schreiben Sie einen kurzen Gegentext: „Weil die Haifische keine Menschen sind ..." oder „Weil die Menschen keine Haifische sind ..."**

Stilistische Gestaltungsmittel

17 Beschreiben Sie die sprachlichen Auffälligkeiten in den folgenden beiden Beispielen aus „Die Küchenuhr“:

a) Dann wurde Ihr Haus sicher um halb drei getroffen, sagte der Mann und schob wichtig die Unterlippe vor. Das habe ich schon oft gehört. (...) Das kommt von dem Druck.

b) Und barfuß. Immer barfuß.

18 Welche Bedeutung kommt der Farbe Weiß in den beiden folgenden Beispielen zu?

a) eine runde tellerweiße Küchenuhr

b) weiß und blau

Stilistische Gestaltungsmittel

Mit Satzbau, Wortwahl und Modalität haben Sie bereits wichtige Gestaltungsmittel kennengelernt. Einen weiteren großen Bereich bilden die stilistischen Gestaltungsmittel. Dabei handelt es sich entweder um eine besondere Zusammenstellung von Wörtern oder um die Auswahl besonderer Wörter zum Zweck einer besonders wirkungsvollen Formulierung. Dazu gehören v. a. alle Formen des **bildhaften Sprechens,** wie Metapher, Personifizierung und Vergleich. Genaueres über die Art und Weise, wie sie „funktionieren“, finden Sie im Kapitel „Sprachliche Bilder“ ab S. 66; das dort für die Lyrik Gesagte gilt genauso für Prosatexte. Zu den Stilmitteln gehört auch eine Vielzahl **rhetorischer Figuren,** die hier nicht im Einzelnen behandelt werden können. Rhetorische Figuren finden Sie am Ende dieses Kapitels 2, ab S. 44, am Ende von Kapitel 3, ab S. 89, oder in einem Arbeitsbuch für die Oberstufe.

▶ Für die Stilmittel gilt dasselbe wie für die anderen sprachlichen Mittel: Nicht die Aufzählung ist von Bedeutung, sondern die **Wirkung, die mit der Verwendung der besonderen sprachlichen Mittel verbunden ist.**

2.5 Der Interpretationsaufsatz – ein Beispiel

1 Bevor Sie den folgenden Interpretationsaufsatz zu „Die Küchenuhr“ lesen, verfassen Sie bitte selbst eine Gliederung zu folgender Aufgabenstellung: „Interpretieren Sie den Text ‚Die Küchenuhr‘ von W. Borchert in inhaltlicher und formaler (sprachlicher) Hinsicht.“ Sie können sich dabei an dem Muster von S. 17 f. orientieren.

Wolfgang Borchert: „Die Küchenuhr“

Einleitung: Textart, Verfasser

Die Kurzgeschichte „Die Küchenuhr“ von Wolfgang Borchert handelt von den Auswirkungen des Krieges auf die Menschen.

Hauptteil: Inhaltsangabe

Die Geschichte spielt in der Kriegs- oder Nachkriegszeit. Einige Menschen sitzen – der Ort ist nicht genannt – auf einer Bank in der Sonne, als sich ein etwa Zwanzigjähriger zu ihnen setzt. Er zeigt ihnen eine Küchenuhr, die defekt ist, aber anscheinend eine besondere Bedeutung für ihn hat. Sie ist das Einzige, was er aus den Trümmern seines Hauses retten konnte. Aus der Tatsache, dass die Uhr um halb drei stehengeblieben ist, schließen die anderen, dass das Haus zu dieser Zeit von einer Bombe getroffen wurde. Für den jungen Mann hingegen bedeutet die Uhrzeit die Erinnerung an die Fürsorge seiner Mutter. Es ist die Erinnerung an ein Paradies, dessen Verlustes er sich erst jetzt bewusst wird. Über diesen Verlust ist er verzweifelt.

Textart

Die Geschichte hat einen offenen Anfang und ein offenes Ende. Es wird keine Vorgeschichte erzählt und man erfährt auch nicht, was am Ende aus dem jungen Mann wird. Dieses sowie die Länge (2 Seiten) sind Zeichen dafür, dass es sich um eine Kurzgeschichte handelt.

Begründung des Untersuchungsschwerpunkts

Da keine wesentliche Handlungsentwicklung stattfindet, steht das Schicksal der Hauptpersonen im Mittelpunkt: des jungen Mannes und seiner Mutter, von der er erzählt.

Verhältnis Mann – Gruppe

Der Mann nimmt gegenüber der Gruppe eine Außenseiterstellung ein. Die Leute sitzen „auf der Bank in der Sonne“ (Z. 9 f.) – ein Zeichen von Zuversicht, ebenso wie der Kinderwagen der Frau (Z. 32) auf neues Leben hindeutet. Dazu im Gegensatz steht der junge Mann „mit seinem alten Gesicht“ (Z. 3 f.).

Die Küchenuhr – erste Erklärung des Titels

Er zeigt den anderen eine defekte, aber äußerlich noch unversehrte Küchenuhr. Es fällt auf, dass er sie ihnen

zeigt wie einen Schatz, wie etwas ganz Besonderes.
Er nimmt sie in Schutz, als ob er Angst hätte, die anderen könnten sich über die Uhr oder über ihn lustig machen: „Aber die blauen Zahlen sehen doch ganz hübsch aus, finde ich. (...) Aber sie sieht noch aus wie immer." (Z. 19 ff.) Was das Besondere an der Uhr ist, teilt er auch sogleich mit: „Und er sagte leise: Und sie ist übrig geblieben." (Z. 28 f.)

Historische Einordnung: Krieg

Während die anderen sofort wissen, worum es geht (Z. 34), erschließt sich dem Leser erst allmählich, dass die Geschichte im oder nach dem Krieg spielt.

Genauere Erklärung des Titels

Doch nicht, dass die Uhr das Einzige ist, was er retten konnte, macht ihren besonderen Wert aus. Die Zeit, halb drei, auf der die Zeiger stehengeblieben sind, hat für den Mann eine besondere Bedeutung. Während die anderen daraus nur auf den genauen Zeitpunkt der Zerstörung seines Hauses schließen, erinnert ihn diese Zeit an seine Mutter. Sie war, immer wenn er nachts sehr spät, um halb drei, nach Hause gekommen war, aufgestanden, um ihm sein Abendessen warm zu machen. Das ist früher für ihn nichts Besonderes gewesen: Die beiden haben dabei kaum miteinander gesprochen, die Fürsorge der Mutter war einfach da, „ganz selbstverständlich" (Z. 97 f.).

Besondere Bedeutung der Uhrzeit für den jungen Mann: Verhältnis Mutter – Sohn

Zusammenfassung der Aussage: Bedeutung der Mutter

Der junge Mann erklärt bekräftigend seine Erzählung: „Jetzt, jetzt weiß ich, dass es das Paradies war. Das richtige Paradies." (Z. 112 f.)

„Innere" Charakterisierung: auffälliges Verhalten der Hauptfigur

Die Hauptfigur fällt nicht nur durch ihre Erscheinung auf, sondern auch durch ihr Verhalten und ihre Sprache.
Der junge Mann teilt den anderen „freudig" mit, dass er alles verloren hat (Z. 35), doch wird aus dem Zusammenhang klar, dass sich dahinter Verzweiflung verbirgt.
Er wiederholt sich oft, z. B. Z. 115 ff.: „Ach, Sie meinen meine Eltern? Ja, die sind auch mit weg. Alles ist weg. Alles, stellen Sie sich vor. Alles weg." Die Wiederholungen wirken so, als ob er es selbst noch nicht glauben könnte, alles verloren zu haben.

Strukturelle Gestaltungsmittel: Verhältnis der Figuren zueinander → Spiegelung der Situation des jungen Mannes

Wichtig für die Aussage ist auch die Kommunikation zwischen den beteiligten Figuren. Die Leute auf der Bank registrieren den jungen Mann zunächst nur, ohne ihn anzusprechen. (Z. 1 – 6) Nachdem er ihnen die Uhr gezeigt hat, sehen sie ihn nicht an, sondern weichen seinen Blicken aus (Z. 30 f.), bevor sich einer erkundigt: „Sie haben wohl alles verloren?“ (Z. 34) Die Bemerkung der Frau, dass die Uhr doch nicht mehr gehe (Z. 39), weist auf den scheinbar unvernünftigen Charakter des jungen Mannes hin. Auch die Erklärung der Zeit, auf der die Uhr stehengeblieben ist, klingt vernünftig, entspricht aber nicht dem, was der junge Mann eigentlich sagen möchte. Nach dessen längerer Erzählung zeigt sich sowohl in der Frage der Frau, „Und ihre Familie?“ (Z. 114 f.), als auch in der Reaktion eines anderen auf der Bank sitzenden Mannes (Z. 127 f.), dass sie ihn verstanden haben. Der Mann hatte zu Beginn, während der junge Mann freudig die Küchenuhr zeigte, stumm auf seine Füße geblickt. Das wirkt wie eine Geste der Verlegenheit, als ob ihm das Gerede des jungen Mannes peinlich war. Jetzt, am Schluss der Geschichte, sieht er wieder auf seine Schuhe (Z. 128): „Aber er sah seine Schuhe nicht. Er dachte immerzu an das Wort ‚Paradies‘.“ Die Erzählung hat also etwas in ihm ausgelöst. Vielleicht ist ihm klargeworden, dass auch er im Grunde ein Paradies verloren hat. Alle haben etwas verloren, was sie vor dem Krieg als selbstverständlich empfunden haben.

in der Reaktion der anderen (Kommunikationsstruktur)

Nicht nur in seiner Erzählung, sondern auch in der Reaktion der anderen Menschen spiegelt sich das Schicksal der Hauptfigur, und es wird deutlich, dass es sich nicht um einen Einzelfall handelt.

Dem entspricht auch, dass weder der junge Mann noch seine Mutter Namen haben und die Geschichte auch nicht an einem bestimmten Ort spielt. Sie will also nicht von einem besonderen Einzelschicksal berichten. So wie dem jungen Mann könnte es vielen Menschen im Krieg ergangen sein.

Weitere strukturelle Gestaltungsmittel: Fehlen von Namen, Orts- und Zeitangaben → Allgemeingültigkeit der Aussage

Auch die Erzählperspektive unterstützt diese Aussageabsicht: Die personale Erzählperspektive ermöglicht es, das Geschehen von außen, scheinbar objektiv zu erzählen, gleichzeitig aber die Empfindungen der Hauptfigur in den Mittelpunkt zu rücken, was eine Anteilnahme seitens des Lesers ermöglicht.

Erzählperspektive

Die Aussage der Geschichte wird stark von der Sprache unterstützt. Nüchterne, zum Teil unvollständige

Sprachliche Besonderheiten: Satzbau

Sätze zeigen an, dass es sich nicht um eine pathetische Anklage gegen den Krieg handelt, sondern um eine Art nüchterne Bestandsaufnahme:
„Alles weg." Die einfache Sprache, die sich im Satzbau spiegelt, steht in deutlichem Kontrast zur Aussage, was den Verlust nur noch größer erscheinen lässt.
Bedeutendstes Stilmittel ist die Wiederholung. Sie erzeugt den Eindruck, als ob der junge Mann das, was er erzählt, selbst nicht recht glauben kann, obwohl er es weiß. Auch von Nächten, in denen seine Mutter für ihn aufgestanden war, berichtet er zweimal, als wolle er die Selbstverständlichkeit ihrer Fürsorge unterstreichen.
Die Uhrzeit „halb drei" erwähnt er sogar achtmal, um dem Ereignis besonderen Nachdruck zu verleihen.
Neben den Wiederholungen als dominierendem Stilmittel enthält die Geschichte auch einige Metaphern:
Die Küchenuhr steht für den Frieden und das verlorene Paradies. Einerseits erinnert sie ihn an seine Mutter, andererseits ist sie äußerlich noch unversehrt, aber „innerlich ist sie kaputt" (Z. 22 f.). So könnte sie auch ein Bild für die Situation der Menschen sein, die den Krieg zwar überlebt haben, aber „innerlich kaputt" sind, ihre Familien, ihre Freunde und ihre Heimat verloren haben.
Demgegenüber stehen die Sonne, in der die Menschen auf der Bank sitzen, und der Kinderwagen für neu erwachendes Leben und Zukunftshoffnung.

Rhetorische Stilfiguren:
- Wiederholung
- Metaphern

So strahlt die Geschichte zwar keine vollkommene Hoffnungslosigkeit aus, aber sie konfrontiert den Leser ungeschönt mit den Folgen des Krieges. Dass sie das auf psychologische Art und Weise tut und nicht durch die Darstellung von Brutalität, ist eine Stärke. Dazu passt auch das offene Ende; die Leser sollen sich selbst eine Meinung bilden und überlegen, was der Krieg für die betroffenen Menschen bedeutet.

Schluss: Zusammenfassung der Aussageabsicht
- inhaltlich
- formal

Gerade weil die Geschichte in einem sehr nüchternen Stil geschrieben ist, wirkt sie glaubwürdiger als ein übertrieben leidenschaftlicher Appell. Daher und weil ich die inhaltliche Aussage über den Krieg teile, gefällt mir die Geschichte trotz des traurigen Inhalts sehr gut.

Eigene Bewertung (nicht unbedingt gefordert)

Fachbegriffe für die Interpretation erzählender Texte

Bei der Interpretation sollten Sie, wo es möglich ist, Fachbegriffe verwenden, weil diese genauer und kürzer sind als die Umschreibung der Sachverhalte. – Im Folgenden sind einige Fachbegriffe aufgelistet, die sich speziell auf die Interpretation erzählender Texte beziehen; zum Teil wurden die entsprechenden Themen in den vorhergehenden Kapiteln behandelt. Sprachliche Gestaltungsmittel und rhetorische Figuren, die in erzählenden, dramatischen und lyrischen Texten gleichermaßen vorkommen, werden in den Fachbegriffen zur Lyrik (S. 89 ff.) behandelt.

Charakterisierung	Eine Person wird beschrieben ▷ durch andere Personen (direkte Charakterisierung) oder ▷ durch äußere Erscheinung, Art des Auftretens und Verhaltens (indirekte Charakterisierung), d. h., der Leser/die Leserin macht sich selbst ein Bild
Erlebte Rede	Darstellung von Gedanken aus der Sicht der entsprechenden Figur in einer Form zwischen direkter und indirekter Rede (3. Pers. Sg. Impf.) Beispiel: „War etwas Besonderes an ihm, dass ihn alle so anstarrten?“
Erzählformen	Verschiedene Arten erzählender Texte wie Erzählung, Kurzgeschichte, Roman etc. (Einzelmerkmale siehe S. 22)
Erzählhaltung	Einstellung des Erzählers zum Erzählten ▷ partciisch ▷ beteiligt ▷ neutral
Erzählperspektive	Formale Rolle des Erzählers (vgl. S. 24 ff.): ▷ allwissender Erzähler: Einblick in das gesamte Geschehen und die Gedankenwelt der Figuren (3. Pers.) ▷ personaler Erzähler: Einblick in nur eine Person, aus deren Sicht erzählt wird, wobei die distanzierte Form der 3. Pers. Sg. beibehalten wird ▷ Ich-Erzähler: Einblick in nur eine Person, die das Geschehen selbst erzählt (1. Pers. Sg.), wodurch das Erzählte unvermittelt, subjektiv wirkt
Erzählweise	Art und Weise, wie erzählt wird (distanziert, ironisch, subjektiv etc.), unter Berücksichtigung der wichtigsten Gestaltungsmittel
Erzählte Zeit	Zeitraum, der die erzählte Handlung umfasst (vgl. → Zeitstruktur)

Erzählzeit	Zeitraum, der zum Lesen des erzählten Textes benötigt wird (vgl. → Zeitstruktur)
Fabel	1. Erzählform (vgl. S. 22) 2. Kern einer umfangreichen Handlung
Hypotaxe	Stilistisches Gestaltungsmittel des Satzbaus: Mit Satzgefügen wird die Komplexität eines Gedankens, eines Sachverhalts oder einer Handlung sprachlich zum Ausdruck gebracht. Beispiel: „Thomas, der seit seiner Geburt bereits zum Kaufmann und künftigen Inhaber der Firma bestimmt war und die realwissenschaftliche Abteilung der Alten Schule mit den gotischen Gewölben besuchte, war ein kluger, regsamer und verständiger Mensch, der sich übrigens aufs köstlichste amüsierte, wenn Christian, welcher Gymnasiast war und nicht weniger Begabung, aber weniger Ernsthaftigkeit zeigte, mit ungeheurem Geschick die Lehrer nachahmte – im besonderen den tüchtigen Herrn Marcellus Stengel, der im Singen, Zeichnen und derartigen lustigen Fächern den Unterricht erteilte." (Thomas Mann, „Buddenbrooks")
Innerer Monolog	Stummes Selbstgespräch einer Figur zur Verdeutlichung von Gedanken, Einsichten oder Bekenntnissen (vgl. S. 24 f.)
Kurzgeschichte	Literarische Gattung im 20. Jh., die sich unter anderem durch offenen Anfang, offenes Ende, Außenseiter als Hauptpersonen und einen unabgerundeten, ausschnitthaften Charakter auszeichnet
Nominalstil	Stilistisch auffällige Häufung von Substantiven und Substantivierungen, was einem Text einen nüchternen, statischen Charakter verleiht Beispiel: Z. 12 – 17 in: G. Kunert, „Zentralbahnhof", S. 6 in diesem Buch
Parataxe	Stilmittel des Satzbaus: Aneinanderreihung von Hauptsätzen, macht die Gleich- und Nebenordnung des Erzählten deutlich; wirkt nüchtern-sachlich Beispiel: 1. Absatz von: F. Kafka, „Der Nachbar", S. 14 in diesem Buch
Rückblende	Unterbrechung der fortlaufenden Handlung, um Vergangenes zu berichten
Verbalstil	Stilistisch auffällige Häufung von Verben und Verbformen, die einen Text „beweglicher" und lebendiger macht Beispiel: „Ich bin zurückgekehrt, ich habe den Flur durchschritten und blicke mich um." (F. Kafka, „Heimkehr")

Vorausdeutung	Andeutung von Zukünftigem oder dem Ende
Wendepunkt	Höhepunkt eines erzählenden Textes, an dem das Geschehen oder das Schicksal der Hauptfigur eine entscheidende Wendung erfährt; der Wendepunkt kann sich auch am Schluss befinden.
Zeitstruktur	Zeitliche Gestaltung eines erzählenden Textes, Verhältnis von Erzählzeit und erzählter Zeit ▷ zeitraffendes Erzählen: Die erzählte Zeit ist erheblich länger als die Erzählzeit, z. B. mehrere Jahre oder Jahrzehnte Wirkung: Überblick, oft auch Sprunghaftigkeit ▷ zeitdehnendes Erzählen: Die erzählte Zeit ist im Verhältnis zur Erzählzeit relativ kurz, z. B. nur einige Tage in einem ganzen Roman Wirkung: Detailliertheit, Eindringlichkeit ▷ zeitdeckendes Erzählen: Erzählzeit und erzählte Zeit stimmen ungefähr miteinander überein Wirkung: Unmittelbarkeit, „Echtheit“

Test

Elisabeth Langgässer: Saisonbeginn

Die Arbeiter kamen mit ihrem Schild und einem hölzernen Pfosten, auf den es genagelt werden sollte, zu dem Eingang der Ortschaft, die hoch in den Bergen an der letzten Paßkehre lag. Es war ein heißer Spätfrühlingstag, die Schneegrenze hatte sich schon hinauf zu den Gletscherwänden gezogen. Überall standen die Wiesen wieder in Saft und Kraft; die Wucherblume verschwendete sich, der Löwenzahn strotzte und blühte, sein Haupt über den milchigen Stengeln; Trollblumen, welche wie eingefettet mit gelber Sahne waren, platzten vor Glück, und in strahlenden Tümpeln kleinblütiger Enziane spiegelte sich ein Himmel von unwahrscheinlichem Blau. Auch die Häuser und Gasthöfe waren wie neu: ihre Fensterläden frisch angestrichen, die Schindeldächer gut ausgebessert, die Scherenzäune ergänzt. Ein Atemzug noch: dann würden die Fremden, die Sommergäste kommen - die Lehrerinnen, die mutigen Sachsen, die Kinderreichen, die Alpinisten, aber vor allem die Autobesitzer in ihren großen Wagen ... Röhr und Mercedes, Fiat und Opel, blitzend von Chrom und Glas. Das Geld würde anrollen. Alles war darauf vorbereitet. Ein Schild kam zum andern, die Haarnadelkurve zu dem Totenkopf, Kilometerschilder und Schilder für Fußgänger: Zwei Minuten zum Café Alpenrose. An der Stelle, wo die Männer den Pfosten in die Erde einrammen wollten, stand ein Holzkreuz. Über dem Kopf des Christus war auch ein Schild angebracht. Seine Inschrift war bis heute die gleiche, wie sie Pilatus entworfen hatte: J.N.R.J. - die Enttäuschung darüber, daß es im Grunde hätte heißen sollen: er behauptet nur, dieser König zu sein, hatte im Lauf der Jahrhunderte an Heftigkeit eingebüßt. Die beiden Männer, welche den Pfosten, das Schild und die große Schaufel, um den Pfosten in die Erde zu graben, auf ihren Schultern trugen, setzten alles unter dem Wegekreuz ab; der dritte stellte den Werkzeugkasten, Hammer, Zange und Nägel daneben und spuckte ermunternd aus.

Nun beratschlagten die drei Männer, an welcher Stelle die Inschrift des Schildes am besten zur Geltung käme; sie sollte für alle, welche das Dorf auf dem breiten Paßweg betraten, besser: befuhren, als Blickfang dienen und nicht zu verfehlen sein. Man kam also überein, das Schild kurz vor dem Wegekreuz anzubringen, gewissermaßen als Gruß, den die Ortschaft jedem Fremden entgegenschickte. Leider stellte sich aber heraus, daß der Pfosten dann in den Pflasterbelag einer Tankstelle hätte gesetzt werden müssen - eine Sache, die sich von selbst verbot, da die Wagen, besonders die größeren, dann am Wenden behindert waren. Die Männer schleppten also den Pfosten noch ein Stück weiter hinaus bis zu der Gemeindewiese und wollten schon mit der Arbeit beginnen, als ihnen auffiel, daß diese Stelle bereits zu weit von dem Ortsschild entfernt war, das den Namen angab und die Gemeinde, zu welcher der Flecken gehörte. Wenn also das Dorf den Vorzug dieses

Schildes und seiner Inschrift für sich beanspruchen wollte, mußte das Schild wieder näherrücken – am besten gerade dem Kreuz gegenüber, so daß Wagen und Fußgänger zwischen beiden hätten passieren müssen.
Dieser Vorschlag, von dem Mann mit den Nägeln und dem Hammer gemacht, fand Beifall. Die beiden anderen luden von neuem den Pfosten auf ihre Schultern und schleppten ihn vor das Kreuz. Nun sollte also das Schild mit der Inschrift zu dem Wegekreuz senkrecht stehen; doch zeigte es sich, daß die uralte Buche, welche gerade hier ihre Äste mit riesiger Spanne nach beiden Seiten wie eine Mantelmadonna ihren Umhang entfaltete, die Inschrift im Sommer verdeckt und ihr Schattenspiel deren Bedeutung verwischt, aber mindestens abgeschwächt hätte.
Es blieb daher nur noch die andere Seite neben dem Herrenkreuz, und da die erste, die in das Pflaster der Tankstelle überging, gewissermaßen den Platz des Schächers zur Linken bezeichnet hätte, wurde jetzt der Platz zur Rechten gewählt und endgültig beibehalten. Zwei Männer hoben die Erde aus, der dritte nagelte rasch das Schild mit wuchtigen Schlägen auf; dann stellten sie den Pfosten gemeinsam in die Grube und rammten ihn rings von allen Seiten mit größeren Feldsteinen an. Ihre Tätigkeit blieb nicht unbeachtet. Schulkinder machten sich gegenseitig die Ehre streitig, dabei zu helfen, den Hammer, die Nägel hinzureichen und passende Steine zu suchen; auch einige Frauen blieben stehen, um die Inschrift genau zu studieren.
Zwei Nonnen, welche die Blumenvase zu Füßen des Kreuzes aufs neue füllten, blickten einander unsicher an, bevor sie weitergingen. Bei den Männern, die von der Holzarbeit oder vom Acker kamen, war die Wirkung verschieden: einige lachten, andere schüttelten nur den Kopf, ohne etwas zu sagen; die Mehrzahl blieb davon unberührt und gab weder Beifall noch Ablehnung kund, sondern war gleichgültig, wie sich die Sache auch immer entwickeln würde. Im ganzen genommen konnten die Männer mit der Wirkung zufrieden sein. Der Pfosten, kerzengerade, trug das Schild mit der weithin sichtbaren Inschrift, die Nachmittagssonne glitt wie ein Finger über die zollgroßen Buchstaben hin und fuhr jeden einzelnen langsam nach wie den Richtspruch auf einer Tafel ...
Auch der sterbende Christus, dessen blasses, blutüberronnenes Haupt im Tod nach der rechten Seite geneigt war, schien sich mit letzter Kraft zu bemühen, die Inschrift aufzunehmen: man merkte, sie ging ihn gleichfalls an, welcher bisher von den Leuten als einer der Ihren betrachtet und wohl gelitten war. Unerbittlich und dauerhaft wie sein Leiden, würde sie ihm nun für lange Zeit schwarz auf weiß gegenüberstehen.
Als die Männer den Kreuzigungsort verließen und ihr Handwerkszeug wieder zusammenpackten, blickten alle drei noch einmal befriedigt zu dem Schild mit der Inschrift auf: „In diesem Kurort sind Juden unerwünscht."

1. Zu welcher Gattung erzählender Texte gehört E. Langgässers Text „Saisonbeginn“?

2. Das Thema der Geschichte erschließt sich erst im letzten Satz. Bestimmen Sie es.

3. Fassen Sie die Absätze kurz zusammen (1 – 2 Sätze), stellen Sie dar, wie die Geschichte gegliedert ist, und geben Sie eine knappe Inhaltsangabe.

4. Mit welchem Stilmittel wird im ersten Absatz die idyllische, kräftige Natur geschildert? Welche erzählerische Absicht steckt dahinter? Zugleich wird diese Idylle auch gebrochen und infrage gestellt. Wodurch?

5. Wie wird die Absicht der Arbeiter, den Pfosten mit einem Schild anzubringen, dargestellt und bewertet? Vergleichen Sie mit dem Wortlaut und der Absicht der Inschrift.

6. Was fällt an der Art und Weise, wie die Arbeiter ihren Auftrag erledigen, auf?

7. Beschreiben Sie die Zeitgestaltung dieser Geschichte.

8. Wie reagieren die einzelnen Gruppen auf die Aufstellung des Schildes? Warum wird diese Reaktion so detailliert beschrieben und wofür könnte sie stehen?

9. Aus welcher Perspektive wird erzählt?

10. Nennen Sie mögliche Vorausdeutungen auf das Thema.

11. Die Überschrift „Saisonbeginn“ hat zwei Bedeutungen, eine direkte und eine indirekte. Erklären Sie sie.

3.1 Die Besonderheiten der Gedichtinterpretation

Gedichte sind, wie ihre häufige Kürze im Vergleich zu den anderen Gattungen schon zeigt, die am stärksten konzentrierte Form des künstlerischen Umgangs mit Sprache. Deshalb kommt es bei der Interpretation von Gedichten in besonders starkem Maße darauf an, neben dem inhaltlichen Aufbau und der Aussage formale Merkmale und sprachliche Mittel zu untersuchen. Diese sollen im folgenden Kapitel einen besonderen Stellenwert einnehmen. Anhand von zwei Gedichten, die stellenweise ein gemeinsames Thema, die Stadt, haben, üben Sie zunächst die Grundlagen der Interpretation von Gedichten. Die beiden Texte gestalten ihr Thema mit unterschiedlicher Absicht und auf verschiedene Art und Weise. Im Verlauf des Kapitels können Sie weitere Interpretationsschritte an verschiedenen Beispielen aus unterschiedlichen literarischen Epochen üben. Am Ende des Kapitels finden Sie dann eine kommentierte vergleichende Gedichtinterpretation, die Ihnen als Muster für eigene Übungen dienen kann.

3.2 Erster Eindruck und Thema: Die Einleitung formulieren

Mithilfe der nun folgenden zwei Gedichte werden Sie verschiedene Aspekte der Gedichtinterpretation üben können. Nehmen Sie sich deshalb etwas Zeit und lesen Sie sie langsam durch.

Theodor Storm: Die Stadt (1852)

Am grauen Strand, am grauen Meer
Und seitab liegt die Stadt;
Der Nebel drückt die Dächer schwer,
Und durch die Stille braust das Meer
Eintönig um die Stadt.

Es rauscht kein Wald, es schlägt im Mai
Kein Vogel ohne Unterlass;
Die Wandergans mit hartem Schrei
Nur fliegt in Herbstesnacht vorbei,
Am Strande weht das Gras.

Doch hängt mein ganzes Herz an dir,
Du graue Stadt am Meer;
Der Jugend Zeit für und für
Ruht lächelnd doch auf dir, auf dir,
Du graue Stadt am Meer.

Ernst Stadler: Fahrt über die Kölner Rheinbrücke bei Nacht (1913)

Der Schnellzug tastet sich
   und stößt die Dunkelheit entlang.
Kein Stern will vor. Die ganze Welt ist nur ein enger,
   nachtumschienter Minengang,
Darein zuweilen Förderstellen
   blauen Lichtes jähe Horizonte reißen: Feuerkreis
Von Kugellampen, Dächern, Schloten,
   dampfend, strömend .. nur sekundenweis ..
Und wieder alles schwarz.
   Als führen wir ins Eingeweid der Nacht zur Schicht.
Nun taumeln Lichter her .. verirrt, trostlos vereinsamt ..
   mehr .. und sammeln sich .. und werden dicht.
Gerippe grauer Häuserfronten liegen bloß,
   im Zwielicht bleichend, tot –
   etwas muss kommen .. o, ich fühl es schwer
Im Hirn. Eine Beklemmung singt im Blut.
   Dann dröhnt der Boden plötzlich wie ein Meer:
Wir fliegen, aufgehoben,
   königlich durch nachtentrissne Luft, hoch übern Strom.
   O Biegung der Millionen Lichter, stumme Wacht,
Vor deren blitzender Parade
   schwer die Wasser abwärts rollen.
   Endloses Spalier, zum Gruß gestellt bei Nacht!
Wie Fackeln stürmend! Freudiges!
   Salut von Schiffen über blauer See! Bestirntes Fest!
Wimmelnd, mit hellen Augen hingedrängt!
   Bis wo die Stadt
   mit letzten Häusern ihren Gast entlässt.
Und dann die langen Einsamkeiten. Nackte Ufer.
   Stille. Nacht. Besinnung. Einkehr. Kommunion.
   Und Glut und Drang.
Zum Letzten, Segnenden. Zum Zeugungsfest.
   Zur Wollust. Zum Gebet. Zum Meer.
   Zum Untergang.

1 **Lesen Sie die Gedichte für sich selbst *laut* und mit bewusster *Betonung,* wie sie Ihrem Gefühl für den Text entspricht. (Ist dies nicht möglich, wie z. B. bei Klassenarbeiten, versuchen Sie, ein Gedicht in Gedanken laut und betont zu sprechen.) Welcher erste, allgemeine Eindruck von den Texten ergibt sich für Sie, wenn Sie die beiden Gedichte laut gelesen haben? Schreiben Sie Ihre Eindrücke auf.**

Tipp

Ihr erster Eindruck bildet vielleicht schon die Grundlage für Ihre Interpretation, falls Ihnen nicht bei wiederholtem Lesen neue und abweichende Einzelheiten auffallen. Daher ist es sinnvoll, wenn Sie Ihren ersten Eindruck vom Text kurz schriftlich festhalten.

Die Einleitung

Die **Einleitung** besteht aus ein bis zwei Sätzen, in denen Sie die Textart (ggf. die besondere Gedichtform, z. B. Ballade, Sonett, Ode), den Titel, den Verfasser/die Verfasserin, das Entstehungs- oder Erscheinungsjahr (falls bekannt) und vor allem das Thema nennen sollen. Der einleitende Satz hat die Aufgabe, den Leser überblickartig über den Gegenstand der Interpretation zu informieren.

2 Lesen Sie die folgenden einleitenden Sätze zu „Die Stadt" und vergleichen Sie sie mit Ihren ersten Notizen:

a) Im Gedicht „Die Stadt" von Theodor Storm geht es um die trostlose Atmosphäre in einer Kleinstadt am Meer.
b) Im Gedicht „Die Stadt" von Theodor Storm geht es um die Erinnerungen des lyrischen Ichs an seine Kindheit und Jugend in einer am Meer gelegenen Kleinstadt.

3 Welche Fehler enthalten die beiden Einleitungssätze?

Das Thema

Bei der Einleitung kommt es auf das genaue Erfassen des **Themas** an, d. h., was als Thema angegeben wird, muss am Text überprüfbar sei. (Das gilt natürlich für die gesamte Interpretation.) Wie für die gesamte Interpretation gilt auch für den einleitenden Satz eine **objektiv-sachliche Schreibhaltung.** (Also nicht: „Theodor Storm will uns mit seinem Gedicht ‚Die Stadt' klarmachen, dass ...")

4 Formulieren Sie einen einleitenden Satz zu „Die Stadt", der den genannten Anforderungen entspricht.

Das Gedicht „Fahrt über die Kölner Rheinbrücke bei Nacht" von Ernst Stadler ist in seiner inhaltlichen Struktur und seiner formalen und sprachlichen Gestaltung komplizierter als

„Die Stadt". Deshalb erhalten Sie im Folgenden einige Hinweise, die Sie zur Formulierung des einleitenden Satzes nutzen können:
nächtliche Durchquerung der Stadt (Köln) in einem Schnellzug - lyrisches Ich - Gefühle - zwiespältig - gespenstisch und bedrohlich - faszinierend - freudig erregte Stimmung

5 **Formulieren Sie frei, indem Sie Ihrem ersten Eindruck zu dem Gedicht folgen, oder, unter Zuhilfenahme der oben angegebenen Hinweise, eine Einleitung zu „Fahrt über die Kölner Rheinbrücke bei Nacht". Berücksichtigen Sie die Anforderungen an die Schreibweise!**

3.3 Den Aufbau beschreiben

Der Aufbau eines Gedichts

Ein Gedicht, zumindest ein traditionell geformtes, ist in seinem äußeren Aufbau leicht zu erkennen und zu beschreiben, denn es gliedert sich in verschiedene **Strophen,** die ihrerseits aus einzelnen **Versen** bestehen. Wenn Sie den äußeren und inneren Aufbau eines Gedichts beschreiben, schauen Sie zunächst auf die **Anzahl der Strophen** und nummerieren diese auf Ihrem Arbeitsblatt! Gedichte, die in Strophen gegliedert sind, geben dadurch Anhaltspunkte für die Zusammenfassung. Allerdings sind die Strophen nicht immer ein sicherer Anhaltspunkt für die Beschreibung des Aufbaus. Bei Gedichten, die keine Einteilung in Strophen aufweisen, müssen Sie versuchen, den Text in **Sinnabschnitte** einzuteilen und danach Ihre Zusammenfassung zu gestalten.

Das Gedicht „Fahrt über die Kölner Rheinbrücke bei Nacht" lässt sich etwa in folgende Abschnitte einteilen:

1. Zugfahrt durch die Nacht, die nur stellenweise erhellt wird — *Vers*
2. Einfahrt in die Stadt
3. Fahrt über die Brücke
4. Ausfahrt aus der Stadt

1 **Bestimmen Sie, welche Verse die jeweiligen Teile umfassen.**

2 **Schreiben Sie nun eine Zusammenfassung des Gedichts, die sich an der vorgegebenen Einteilung orientiert.**

Ein Gedicht zusammenfassen

Schwieriger erscheint das Zusammenfassen von Gedichten, in denen keine Handlung oder Entwicklung eines Gefühls vermittelt wird, sondern ein Stimmungsbild oder eine einfache Gefühlslage. Hier können Sie die Zusammenfassung sehr knapp halten und sich darauf beschränken, die vermittelte Stimmung zu benennen.

3.4 Der Sprecher – das „lyrische Ich"

Der Sprecher und das „lyrische Ich"

Was in Prosatexten der Erzähler ist, heißt beim Gedicht der **Sprecher** oder das **lyrische Ich.** Vom Letzten spricht man vor allem, wenn ein „Ich" wirklich im Gedicht erkennbar ist. „Sprecher" ist die neutralere Bezeichnung und grundsätzlich auf jedes Gedicht anwendbar.

Tipp

Wenn Sie sich also nicht ganz sicher sind, wie Sie das „Subjekt" des Gedichts bezeichnen sollen, nennen Sie es den „Sprecher".

Sprecher, „lyrisches Ich" oder Verfasser?

Für die Interpretation von Gedichten gilt ähnlich wie für erzählende Texte:

- Verwechseln Sie nicht den Sprecher mit dem Verfasser des Textes! Immer wenn Sie sich auf den **Inhalt** des Textes beziehen, reden Sie vom „lyrischen Ich" oder vom „Sprecher". Immer wenn Sie sich auf **äußere Gestaltungsmerkmale** oder die vermutete **Aussageabsicht** beziehen, sprechen Sie von der „Verfasserin" oder dem „Verfasser".

1 **Beschreiben Sie die Rolle des lyrischen Ichs in den beiden Gedichten von S. 50 und S. 51.**

3.5 Inhaltliche Schwerpunkte bestimmen

Wie bestimme ich die inhaltlichen Schwerpunkte?

Wie für alle Texte gilt auch für Gedichte, dass es kein einheitliches Interpretationsschema gibt. Die Interpretation richtet sich nach den inhaltlichen Schwerpunkten des jeweiligen Textes und befasst sich mit der besonderen Art und Weise, mit der dieser Inhalt sprachlich und formal umgesetzt wurde.
Eine Vorentscheidung über die inhaltlichen Schwerpunkte haben Sie bereits mit der Formulierung des Themas getroffen, auch wenn Sie dabei noch nicht auf die mögliche Gesamtaussage des Textes eingegangen sind. Zur **Bestimmung der Schwerpunkte** ist es hilfreich, einige **Leitfragen** zu formulieren, mit denen Sie das Thema enger einkreisen. Versuchen Sie zugleich Fragen nach der besonderen **Umsetzung** im Text zu formulieren.

Beispiel

Fragen zu Theodor Storms Gedicht „Die Stadt“ könnten so lauten:

Inhaltlicher Schwerpunkt

- ▷ Wie sieht das lyrische Ich die Stadt?
- ▷ Was wird über die Lage der Stadt ausgesagt?
- ▷ Was wird über die Atmosphäre in der Stadt ausgesagt?
- ▷ Welchen Eindruck gewinnt man vom Leben in der Stadt und um sie herum?
- ▷ Wie kennzeichnet das lyrische Ich seine persönliche Einstellung gegenüber der „grauen Stadt am Meer“?
- ▷ Was ist das Entscheidende beim Nachdenken über die Stadt?
- ▷ Welche allgemeine Schlussfolgerung lässt sich ziehen?

Umsetzung/Gestaltungsmittel

- ▷ Welche Substantive und Adjektive beziehen sich auf die Stadt?
- ▷ Welche Perspektive wählt das lyrische Ich beim Reden von der Stadt?
- ▷ Gibt es einen Perspektivwechsel?
- ▷ Was verbindet man „normalerweise“ mit Stadt (Titel) und welcher Eindruck entsteht im Gedicht?
- ▷ Welche Sinneseindrücke, die sich auf das Leben in der Stadt und um sie herum beziehen, werden vermittelt?
- ▷ Wo kommt persönliche Wertung zum Ausdruck? Welche Bedeutung hat sie für das Textganze?

1 Beantworten Sie diese Fragen in Stichworten und fassen Sie anschließend das Ergebnis in einem zusammenhängenden Text zusammen.

In der folgenden Übung sollen Sie einige Fragen daraufhin überprüfen, ob sie sich zur Texterschließung eignen. Kriterium ist der **Textbezug.**

2 Welche der folgenden Fragestellungen zu „Fahrt über die Kölner Rheinbrücke bei Nacht“ beziehen sich nicht auf die Erschließung thematischer Schwerpunkte? Streichen Sie diese.

a) Wie erlebt das lyrische Ich die Fahrt?
b) Welche Eindrücke hat das lyrische Ich von der Landschaft?
c) Wie wertet es die Tatsache, dass es sich um eine Fahrt mit dem Schnellzug handelt?
d) Wie erlebt der Sprecher die Stadt?
e) Was gefällt dem lyrischen Ich an Köln?
f) Welche Haltung nimmt das lyrische Ich zur Welt ein?
g) Wie empfindet der Sprecher die Fahrt über die Brücke?
h) Was sagt das Gedicht über das technische Meisterwerk der Brücke aus?
i) Worin liegt die positive Bedeutung der Brücke bzw. der Überfahrt?
j) Wo spielt der Schluss?
k) Welche Bedeutung hat der Schluss?

3 Beantworten Sie die verbleibenden Fragen und gehen Sie dabei auch auf die Art und Weise ein, wie die entsprechenden Aspekte im Text umgesetzt wurden (Umsetzung/ Gestaltungsmittel).

4 Beschreiben Sie nun in zusammenhängender Form den Aufbau der Gedichte „Die Stadt“ und „Fahrt über die Kölner Rheinbrücke bei Nacht“ und gehen Sie dabei auch schon auf mögliche Absichten der Texte ein.

Die Gesamtaussage des Textes formulieren

Wenn Sie das Gedicht in seinen Schwerpunkten inhaltlich erschlossen haben, wird es Ihnen nicht schwerfallen, die **Gesamtaussage** des Textes zu formulieren. Überlegen Sie dazu:

1. Was sagt das Gedicht als Ganzes aus?
2. Was will es in **allgemeiner Hinsicht** aussagen, also über die wiedergegebene Handlung oder Stimmung hinaus?
3. Worin könnte eine aktuelle Bedeutung des Gedichts liegen? (→ Schluss des Interpretationsaufsatzes)

5 Wie beurteilen Sie die folgenden Versuche, die Gesamtaussage von „Die Stadt“ zu bestimmen?

a) *Mit seinem Gedicht will Storm darauf aufmerksam machen, dass auch das Leben in einer kleinen Stadt seine Reize hat.*

b) *Storm bringt zum Ausdruck, dass am Meer die Natur noch im Gleichgewicht ist und vom Menschen (der im Gedicht nicht vorkommt) nicht gestört wird.*
c) *Storm bringt mit seinem Gedicht die wichtige Bedeutung von Heimat für den Menschen zum Ausdruck. Selbst wenn ein Ort eintönig und ungemütlich wirkt, wie die Stadt im Gedicht, bringt man ihm positive Gefühle entgegen, wenn man dort aufgewachsen ist und eine schöne Jugend verbracht hat.*

6 Prüfen Sie nun, welche Aussagen für die Gesamtaussage zu „Fahrt über die Kölner Rheinbrücke bei Nacht“ von Bedeutung sind. Streichen Sie die Aussagen, die sich nicht in genügendem Maße auf den gesamten Text beziehen, und formulieren Sie dann die Gesamtaussage.

a) Unheimliches der Stadt
b) Faszination durch die Technik
c) Vorzüge des Bahnfahrens
d) rauschhaftes Erleben
e) Schönheit des Reisens
f) zwiespältiger Eindruck

3.6 Die formalen und sprachlichen Gestaltungsmittel erkennen

Stärker als bei der Analyse erzählender Texte kommt es bei der Lyrik darauf an, in der Interpretation formale und sprachliche Gestaltungsmittel zu berücksichtigen. Dabei ist von vornherein vor dem Missverständnis zu warnen, dass eine Aneinanderreihung verschiedener sprachlicher oder formaler Auffälligkeiten bzw. der entsprechenden Fachbegriffe bereits eine Analyse dieser Gestaltungsmittel sei. Achten Sie stets auf eine Verbindung mit dem Inhalt! Allerdings kommt es bei der Gedichtinterpretation darauf an, dass Sie formale und sprachliche Gestaltungsmittel erkennen und zutreffend benennen können. In den folgenden Abschnitten werden die wichtigsten dieser Mittel vorgestellt und auf ihre Wirkung hin betrachtet.

Formale Mittel

a) Der Reim

Der Reim

Das am einfachsten zu erkennende Gestaltungsmittel vieler Gedichte ist der Reim, wobei damit in der Regel der **Endreim** gemeint ist. Durch einen gleich oder ähnlich lautenden Ausklang werden Verse nach einem bestimmten Schema miteinander verbunden. Das vermittelt den Eindruck von Regelmäßigkeit und kunstvoller Gestaltung; oft werden auch inhaltlich zusammenhängende Verse durch den Endreim verbunden. Moderne Gedichte verzichten oft auf Endreime; man spricht dann von **reimlosen Gedichten.**

Erinnern Sie sich

Die wichtigsten (End-)Reimformen haben Sie bereits in früheren Schuljahren kennengelernt, z. B. Paarreim, Kreuzreim, umarmender Reim, Schweifreim.

1 Bestimmen Sie das (End-)Reimschema der folgenden Strophen aus fünf Gedichten von Joseph von Eichendorff und notieren Sie es mit einer Buchstabenfolge.

Markt und Straßen stehn verlassen, *a*
Still erleuchtet jedes Haus, *b*
Sinnend geh ich durch die Gassen, *a*
Alles sieht so festlich aus. *b*
(Weihnachten)

Dämmrung will die Flügel spreiten,
Schaurig rühren sich die Bäume,
Wolken ziehn wie schwere Träume –
Was will dieses Graun bedeuten?
(Zwielicht)

Es ist schon spät, es wird schon kalt,
Was reit'st du einsam durch den Wald?
Der Wald ist lang, du bist allein!
Du schöne Braut! Ich führ dich heim!
(Waldgespräch)

Wer hat dich, du schöner Wald,
Aufgebaut so hoch da droben?
Wohl den Meister will ich loben,
Solang noch mein Stimm erschallt.
(Der Jäger Abschied)

Komm, Trost der Welt, du stille Nacht!
Wie steigst du von den Bergen sacht,
Die Lüfte alle schlafen,
Ein Schiffer nur noch, wandermüd,
Singt übers Meer sein Abendlied
Zu Gottes Lob im Hafen.
(Der Einsiedler)

2 Bestimmen und beschreiben Sie nun die Reimform von „Die Stadt".

3 Ernst Stadlers Gedicht „Fahrt über die Kölner Rheinbrücke bei Nacht" ist reimlos. Können Sie sich vorstellen, warum?

b) Metrum und Rhythmus

Metrum und Rhythmus

Gedichte gewinnen ihren besonderen Gehalt zu einem wichtigen Teil auch durch den Vortrag. Dieser wird bestimmt durch das **Metrum** (Betonungsverteilung) und den **Rhythmus.**
Wenn die Verse eines Gedichts einen regelmäßigen Wechsel von betonten und unbetonten Silben (Hebungen und Senkungen) aufweisen, liegt eine bestimmte Taktart

(Versfuß) vor. Gibt es davon eine feste Kombination und wiederkehrende Reihenfolge, spricht man von einem **Metrum.** Halten Sie sich jedoch beim lauten Lesen strikt an diese Vorgaben, entsteht schnell der Effekt des sogenannten Leierns. Daher sorgt der Rhythmus für die dem Gedicht angemessene Gestaltung.
Die wichtigsten **Taktarten** sind:

- der **Jambus,** das ist der Wechsel von unbetonter und betonter Silbe: ta **tá** (z. B. Eichendorff „Der Einsiedler“)
- der **Trochäus,** das ist der Wechsel von betonter und unbetonter Silbe: **tá** ta (z. B. Eichendorff „Weihnachten“)
- der **Anapäst** („Doppelsteiger“), bei dem auf zwei unbetonte Silben eine betonte Silbe folgt: ta ta **tá** (z. B. „Träumerei“, „Militär“)
- der **Daktylus** („Doppelfaller“), bei dem auf eine betonte Silbe zwei unbetonte Silben folgen: **tá** ta ta (z. B. „Mitternacht“, „Abendlied“, „Dämmerung“)

Jambische und trochäische Verse sind leicht zu bestimmen. Einen rein anapästischen oder daktylischen Vers werden Sie kaum antreffen, aber wenn Doppelsteiger oder -faller charakteristisch für mehrere Verse in einem Gedicht sind, können Sie dieses auch so benennen.

4 **Sprechen Sie das Gedicht „Die Stadt“ von Theodor Storm laut. Ermitteln Sie den Versfuß, am besten durch übertriebenes Sprechen der betonten und der unbetonten Silben.**

5 **Notieren Sie das Metrum, indem Sie über jede Hebung (Betonung) ein ʻ und über jede unbetonte Silbe ein ˘ zeichnen.**

6 **Sprechen Sie nun das Gedicht „normal“, wie es seinem Sinn entspricht, und zeichnen Sie über den *wirklich* betonten Silben ein Betonungszeichen in einer anderen Farbe ein. Wo finden Sie Abweichungen von den ersten Notierungen?**

Rhythmustypen

Der **Rhythmus** kann die Aussage des Gedichts stützen. Für die Interpretation können drei Haupttypen voneinander unterschieden werden:

- der **fließende Rhythmus,** d. h., Hebungen, Senkungen, Akzente und Pausen sind gleichmäßig verteilt und es gibt keinen großen Unterschied zwischen Hebungen und Senkungen;

- der **strömende Rhythmus,** d. h., es liegt immer noch ein regelmäßiges Metrum vor, aber der Unterschied zwischen Hebungen und Senkungen wird größer, es gibt im Vers oft einen ausgesprochenen Gipfelpunkt und oft sind die Verse unterschiedlich lang;
- der **freie Rhythmus,** der auf jedes Metrum verzichtet, an die Stelle des Metrums tritt die individuelle Betonung.

Für die **Interpretation** bedeutsam ist aber nicht die Feststellung, welcher Rhythmustyp vorliegt, sondern welche **Wirkung** von seiner Verwendung ausgeht.

7 Tragen Sie den entsprechenden Rhythmustyp für die vermutlich mit ihm verbundene Wirkung in den Text ein.

Der ______________ bewirkt einen vorantreibenden Eindruck, verlangt aber in stärkerem Maße ein betontes Sprechen und wirkt unruhig, auf ein bestimmtes Ziel hinstrebend. Der ______________ erzeugt einen liedhaften, ruhigen Eindruck durch starke Gleichmäßigkeit. Der ______________ stellt in der Länge unterschiedliche Verse nebeneinander, wobei Pausen und Akzente stark betont werden; es entsteht ein unruhiger Eindruck.

Beachten Sie Da die rhythmische Gestaltung auch etwas über die Aussageabsicht eines Gedichts verrät, sollten Sie für Ihre Beschreibung und Interpretation zumindest den Unterschied zwischen fließendem und freiem Rhythmus berücksichtigen.

Zeilensprung und Zeilenstil

Beim Sprechen eines Gedichtes ist Ihnen bestimmt schon einmal aufgefallen, dass das Ende eines Satzes nicht immer mit dem Versende zusammenfällt, selbst wenn dieses durch einen Reim markiert ist. Dieser **Zeilensprung** (auch französisch: Enjambement) verbindet zwei Verse miteinander und verstärkt deren gedanklichen Zusammenhang. Demgegenüber zeigt der **Zeilenstil,** bei dem das Ende eines Verses auch das Ende eines Satzes ist, an, dass der Vers eine gedankliche Einheit bildet.

8 Stellen Sie in einem zusammenhängenden Text dar, wie „Die Stadt“ und „Fahrt über die Kölner Rheinbrücke bei Nacht“ rhythmisch gestaltet sind.

c) Der Klang

Klang und Lautung

Ein leicht zu übersehendes, aber dennoch wichtiges formales Gestaltungsmerkmal von Gedichten ist ihr **Klang** bzw. die **Lautung.** Häufig werden bestimmte Laute oder Lautgruppen eingesetzt, um bestimmte Eindrücke, Stimmungen und Gefühle zu unterstützen.

Untersuchen Sie die Lautstruktur an dem folgenden Gedicht von Joseph von Eichendorff.

Frische Fahrt

Laue Luft kommt blau geflossen,
Frühling, Frühling soll es sein!
Waldwärts Hörnerklang geschossen,
Mutger Augen lichter Schein;
Und das Wirren bunt und bunter
Wird ein magisch wilder Fluss,
In die schöne Welt hinunter
Lockt dich dieses Stromes Gruß.
Und ich mag mich nicht bewahren!
Weit von Euch treibt mich der Wind,
Auf dem Strome will ich fahren,
Von dem Glanze selig blind!
Tausend Stimmen lockend schlagen,
Hoch Aurora flammend weht,
Fahre zu! Ich mag nicht fragen,
Wo die Fahrt zu Ende geht!

9 **Welche kurzen Vokale sind für das Gedicht bestimmend? Beschreiben Sie die Wirkung, die von ihnen für die Aussage ausgeht. Welche Wörter enthalten lange Vokale? Bestimmen Sie die Bedeutung dieser Wörter für das Gedicht.**

10 **Bestandteil der Lautstruktur sind auch, einschließlich der Überschrift, vier Alliterationen. Hier beginnen aufeinander folgende oder nur durch eine Konjunktion voneinander getrennte Wörter mit gleichen Vokalen. Bestimmen Sie diese und den Eindruck, der von ihnen ausgeht.**

Die Wirkung von Lauten

Allerdings sind einzelne Laute und beabsichtigte Wirkung nicht immer einfach und eindeutig einander zuzuordnen; doch gibt es immerhin Anhaltspunkte für die Wirkung bestimmter Laute oder Lautgruppen.

11 Ordnen Sie den im Folgenden beschriebenen Gefühlen und Eindrücken passende Vokale bzw. Konsonantenkombinationen zu.

Vokale

a) Unheimliches, Geheimnisvolles:

b) getragene, feierliche Stimmung, auch Erstaunen und Eindruck von Weite:

c) (kurz gesprochen:) Helligkeit, Lebendigkeit, (lang gesprochen:) Ferne und Getragenheit:

d) Gewichtigkeit, Helligkeit, Spiel:

e) Größe, Weite, „abgerundeter" Eindruck:

Konsonanten

f) schwingender, leichter Eindruck:

g) nervöser, abgehackter, stockender Eindruck:

h) bedrohlicher, unheimlicher Ausdruck:

Anapher und Alliteration

Weitere Gestaltungsmittel der Lautstruktur sind die **Wortwiederholung am Anfang eines Verses (Anapher),** durch die auf die entsprechenden Wörter ein besonderer Nachdruck gelegt wird, und die **Alliteration,** bei der betonte Stammsilben von Wörtern im Text mit gleichen Buchstaben beginnen. Damit wird deren Zusammengehörigkeit signalisiert, aber auch eine bestimmte klangliche Wirkung (etwa Eindruck des Fließenden, der Unheimlichkeit etc.) erreicht.

Leitfragen für die Untersuchung der Lautstruktur

1. Ist in einer Strophe oder im gesamten Text eine Häufung gleicher Vokale, Diphthonge oder bestimmter Konsonanten zu beobachten?
2. Welcher emotionale Eindruck geht davon aus?
3. Passt dieser Eindruck zur Gesamtaussage des Gedichts?

12 Untersuchen Sie nun die beiden Gedichte vom Anfang des Kapitels, „Die Stadt" und „Fahrt über die Kölner Rheinbrücke bei Nacht", auf ihre Lautung und halten Sie das Ergebnis in einem zusammenhängenden Text fest.

Sprachliche Mittel: Wortwahl und Satzbau

Das eigentliche Medium von Dichtung ist die Sprache. In Gedichten haben wir es besonders oft mit kunstvoll gestalteter Sprache zu tun. Das kann sowohl die Auswahl der Wörter selbst und die Art und Weise, wie sie zum jeweiligen Text zusammengefügt wurden, als auch ihre besondere Bedeutung im Kontext des gesamten Gedichts betreffen. Daher ist die **Untersuchung der sprachlichen Gestaltungsmittel** (Wortschatz, Satzbau, Bildlichkeit) ein besonderer Schwerpunkt jeder Gedichtinterpretation.

a) Wortwahl – Bedeutungsfelder und Wortarten

Die Untersuchung der Wortwahl

Mehr noch als im erzählenden Text kommt es im Gedicht auf das einzelne Wort an – und somit auch auf die Untersuchung der Wortwahl. Ob es sich um eine **nüchterne, sachliche** oder um eine im höchsten Grade **expressive, emotionale Sprache** (um zwei Extreme zu nennen) handelt – da es sich bei Gedichten um eine im höchsten Grade geformte Sprache handelt, können Sie davon ausgehen, dass die Wortwahl (und auch das Auslassen von Wörtern) von den Verfassern bewusst gestaltet wurde.
Sie können die Wortwahl untersuchen

- inhaltlich, d. h. auf bestimmte **Bedeutungsfelder** hin, und
- formal, d. h. auf das Vorkommen und die Verteilung der **Haupt-Wortarten** hin:
  - Tauchen an bestimmten Stellen auffällig häufig Substantive, Adjektive oder Verben auf?
  - Sind sie in ihrer herkömmlichen Bedeutung verwendet oder sind sie verfremdet?
  - Gibt es neue Wortbildungen?

13 Lesen Sie sich das Gedicht „An die Gemeinderäte“ von M. Hannsmann auf S. 64 durch. Bestimmen Sie das Thema.

14 Was fällt Ihnen an der äußeren Gestaltung und am Aufbau des Gedichts auf?

15 Formulieren Sie die Gesamtaussage des Textes (drei bis vier Sätze).

16 Beschreiben Sie die formalen Eigenschaften des Gedichts (Reim, Rhythmus, Klang).

17 Welchen Standpunkt vertritt das lyrische Ich?

18 Beschreiben Sie allgemein die Sprache des Gedichts.

19 **Ordnen Sie die Verben, Substantive und Adjektive, wo es möglich ist, den Bedeutungsfeldern „Wirtschaft/Politik“ und „Natur/Mensch“ zu.**

20 **Wie werden die geschilderten Sachverhalte im Gedicht bewertet? Welche Schlussfolgerung für die Gesamtaussage ergibt sich daraus?**

Margarete Hannsmann: An die Gemeinderäte (1973)

Kann ja sein euch hängt das ewige Grün zum Hals raus
dass ihr lieber alles so glatt betoniert
wie eure neuen Wohngebiete
Albträume
Citykomplcxc
Weltstadtimage
mit besonders günstigem Industrieklima
zur Raumkategorie der Verdichtungsbreite gehörend
Natur ist da um verbraucht zu werden
je mehr
desto
als Erinnerung an die vertriebenen
Pflanzen und Tiere gibts Straßennamen
und die Landschaftsgestalter werden nicht ruhn
bis eure Wiesen Vorgärten sind
bis eure Wacholderheiden Parks
bis sie die Wälder und Felsen im Griff haben
bis die Täler in Zwangsjacken stecken
organisiert
kommerzialisiert
trotzdem bitte ich
wehret den Planspielern
eh sie den letzten Rest
eurer Geschichte ausverkaufen
werden Enkel aus den verkarsteten Betonwüsten
aufbrechen
von weit her zu euch kommen
ein Stück Wacholderheide suchen
eine von keinem Bau unterbrochene
Hügellinie gegen den Himmel
dann wird ein fast unverdorbener Fluss
dem das Mäandern noch nicht vergangen ist
kostbar sein wie der Brunnen zu Nürnberg
oder der Aachener Dom.

21 **Wovon geht im Gedicht eine Bedrohung aus? Wie wird dies beschrieben?**

22 **Verfassen Sie, nachdem Sie die inhaltlichen Schwerpunkte analysiert haben, eine zusammenhängende Beschreibung der Sprache des Gedichts. Setzen Sie dazu den folgenden Text fort:**

Das Gedicht schildert den lebensbedrohlichen Einfluss von wirtschaftlichen und politischen Interessen auf die Natur und den Menschen. Der Text bringt das sprachlich zum Ausdruck, indem ...

Leitfragen zur Analyse der Sprache

Allgemein sollten Sie bei Ihrer Analyse der Sprache folgende Fragen berücksichtigen:
- Welche **Stilebene** wurde gewählt (Alltagssprache, feierlicher Tonfall, dichterisch überhöhte Sprache, Fachsprache ...)?
- Gibt es **Schlüsselwörter?**
- Werden bestimmte **Wörter wiederholt** verwendet?
- Gibt es ein oder mehrere das Gedicht beherrschende **Bedeutungsfelder?**
- In welcher **Beziehung** stehen diese Bedeutungsfelder zueinander?
- Dominiert eine der **Wortarten** Substantiv, Verb oder Adjektiv das Gedicht oder einzelne Teile des Gedichts? Hat diese Häufung eine besondere Bedeutung?
- Sind die **Adjektive** eher beschreibend oder wertend? Was tragen sie zur Gesamtaussage des Textes bei?
- Welchen Eindruck rufen die verwendeten **Verben** hervor: Drücken sie Dynamik, Bewegung, Aktivität aus oder spiegeln sie Starrheit, Bewegungsarmut etc. wider? Es sind auch andere Ausdruckswerte vorstellbar.

Beachten Sie Bei allen Punkten kommt es stets auf den Bezug zur Gesamtaussage an.

b) Satzbau

Der Satzbau im Gedicht

Gerade in einem Gedicht, das schon von seiner äußeren Gestalt her nicht als fortlaufender Text flüssig zu lesen ist, wird der herkömmliche Satzbau verändert. Ein Grund dafür ist natürlich die Versstruktur, die sich einem gewöhnlichen Satzbau oft widersetzt. Ein anderer, besonders in der modernen Lyrik anzutreffender Grund ist die Absicht der Dichter, die Sprache entgegen den herkömmlichen Regeln zu verwenden, um eine besondere **Aussagekraft** zu erreichen.

Sehen Sie sich noch einmal das Gedicht „An die Gemeinderäte“ von M. Hannsmann an und bearbeiten Sie die folgenden Aufgaben.

23 **Das Gedicht enthält bis auf den Punkt am Schluss kein Satzzeichen. Versuchen Sie dennoch zu bestimmen, aus wie viel Sätzen es bestehen könnte.**

24 **Schreiben Sie in je einem Satz auf, welche Sachverhalte in den einzelnen Sätzen geschildert werden. Worin bestehen in diesen Versen die Abweichungen vom herkömmlichen Sprachgebrauch?**

25 **Der zweite „Satz“ (V. 9 – 11) ist unvollständig. Welche Wirkung wird damit erzeugt?**

26 **Erklären Sie die in diesem Gedicht besonders häufig verwendeten Aufzählungen.**

27 **Beschreiben Sie abschließend die Gestaltung des Satzbaus in Bezug zur Gesamtaussage des Textes.**

Sprachliche Bilder

Bildhafte Sprache gehört zum Alltag wie zur Dichtung. Wenn Sie z. B. sagen: „Die Arbeit ist mies gelaufen“, weiß jeder, was Sie damit meinen, nämlich dass es nicht ganz so geklappt hat, wie Sie es sich vorgestellt haben.

28 **Erklären Sie die folgenden bildhaften Wendungen aus der Alltagssprache.**

a) „der Markt für Gebrauchtwagen blüht“
b) „jemand hängen lassen“
c) „den Motor anwerfen“
d) „sich schwarz ärgern“
e) „sich einen Kopf machen“

Formen bildlichen Sprechens

Gedichte zeichnen sich oft durch eine verschlüsselte, manchmal rätselhafte Sprache aus. Das macht die Arbeit an ihnen einerseits schwierig, andererseits aber auch reizvoll, denn die Analyse und Entschlüsselung der sprachlichen Bilder gibt Ihnen auch einen gewissen Freiraum für die Interpretation.
Sprachliche Bilder sind eine **Form des uneigentlichen Sprechens,** d. h., die Wörter bringen etwas anderes zum Ausdruck als das, was sie normalerweise bezeichnen. Durch ihre Eigenart, bestimmte Sachverhalte oder Ereignisse nicht unmittelbar, sondern nur mittelbar zum Ausdruck zu bringen, ermöglichen sprachliche Bilder in

literarischen Texten eine gewisse **Vieldeutigkeit.** Damit sollen sie nicht nur die Fantasie der Leser anregen, sondern sie auch zum Innehalten und verstärkten Nachdenken bewegen. In der Interpretation haben Sie die Aufgabe, die abweichende Bedeutung im Zusammenhang des Textes zu klären und in Bezug auf seine Aussage zu deuten.
Die wichtigsten Formen bildlichen Sprechens in Gedichten sind die **Metapher,** die **Personifizierung,** die **Allegorie** und der **Vergleich.** Wenn Sie ihre „Funktionsweise" einmal verstehen, wird Ihnen die Deutung dieser übertragenen Sprechweise nicht mehr schwerfallen.

a) **Metapher**

Die Verwendung der Metapher

Wörter oder Wortverbindungen, die in übertragener Weise verwendet werden, nennt man Metapher. Die Metapher ist eines der am häufigsten verwendeten sprachlichen Bilder im Gedicht. Dabei wird das, was gemeint ist, durch ein Wort aus einem anderen Bedeutungsfeld bzw. Bildbereich ersetzt. Zum Beispiel ist in dem Satz

> „Die Demonstrationswelle reißt nicht ab."
> → Die vielen Demonstrationen finden kein Ende.

das Wort „Demonstrationswelle" ein metaphorischer Begriff, der die Stetigkeit und Stärke der Demonstrationen zum Ausdruck bringen soll. Metaphern können generell höchst unterschiedlichen Grades und unterschiedlicher Intensität sein. Manchmal nimmt man sie kaum noch als solche wahr, wie im Beispielsatz das Verb „reißt ab" (denn „abreißen" kann eigentlich nur etwas Gegenständliches und es verlangt nach einem „echten" Subjekt). In einem solchen Fall handelt es sich um eine **verblasste Metapher.** In Gedichten finden sich aber eher Metaphern, die in ihrem sprachlichen Gehalt von der wahrnehmbaren Realität deutlich abweichen (**„kühne Metaphern"**).

29 **Schreiben Sie die Metaphern aus dem folgenden Gedicht heraus.**

30 **Beschreiben Sie mit eigenen Worten, was damit ausgedrückt werden soll.**

Karl Krolow: Kurzes Unwetter

Die Wolkenpferde
ins Licht sich stürzen.
Es qualmt die Erde
von starken Würzen.

Die schweren Leiber
den Himmel fegen.
Sturm ist ihr Treiber

schlägt Staub und Regen
aufs schwarze Wasser.
Die Gräser sausen.
Die Beerenprasser
befällt ein Grausen.

Ahorne biegen
sich in den Lüften.
Wildblumen fliegen
mit fremden Düften.

Es fahren Flammen
verzückt im Strauche.
Weg stürzt zusammen.

Mit gelbem Bauche
drehn sich die Blätter
wie angesogen. –
Schon ist das Wetter
vorbeigezogen.

31 Erklären Sie allgemein, wie die Verwendungsweise eines sprachlichen Bildes „funktioniert“.

Einen Sonderfall stellen Metaphern dar, die in sich geschlossen und unverständlich erscheinen. Lesen Sie dazu das folgende kurze Gedicht:

Ernst Meister: Ich sage Ankunft

II
Von der Spitze
des Dorns
die Formel geerntet.

Die leicht war,
wird schwer auf der Hand,
entfällt ihr.

Und sie schlägt Wurzel,
wird Rose
an dieser Stelle.

32 Was bezeichnet Ihrer Meinung nach die „Formel“ im Gedicht?

Chiffren

Chiffren (absolute Metaphern) – in E. Meisters Gedicht „Formel" – erschließen sich nicht auf Anhieb oder ohne große Probleme im Kontext des Gedichts. Chiffren werden besonders in der modernen Lyrik verwendet. Bei ihrer Entschlüsselung können Sie nur Ihrem Gefühl vertrauen: Verweilen Sie bei der Chiffre, achten Sie darauf, welche Erinnerungen und Vorstellungen sie in Ihnen auslöst und wie Sie sie auf eine mögliche Gesamtaussage beziehen können. Wenn Ihnen ein solches Bild aber vollkommen unverständlich bleibt, sollten Sie es zumindest als Chiffre oder absolute Metapher benennen.

33 **Versuchen Sie eine inhaltliche Deutung des Gedichts „Ich sage Ankunft (II)" von E. Meister.**

b) Personifizierung

Die Personifizierung

Eine häufig verwendete Sonderform der Metapher ist die Personifizierung. Bei der Personifizierung wird (zumeist) ein nicht menschlicher Gegenstand mit menschlichen Eigenschaften beschrieben.

34 **Erklären Sie die Bedeutung der folgenden Personifizierungen.**

a) „die Sonne lacht"
b) „die Achsen stöhnen unter dem Gewicht"
c) „die Stadt erwacht"
d) „der Wind heult"

35 **Welche – allgemeine – Wirkung wird durch die Personifizierung erzeugt?**

36 **Bilden Sie Personifizierungen zu folgenden Sachverhalten.**

a) Die Wüste dehnt sich jedes Jahr um mehrere Kilometer Richtung Norden aus.
b) Das höchste Bauwerk der Welt ist 476 m hoch.
c) Der Fluss fließt in vielen Kurven durch das enge Tal.
d) Der Sturm hatte im Tal eine Geschwindigkeit von 110 km/h.

37 **Entdecken und erklären Sie die Personifizierungen im Gedicht „Kurzes Unwetter" von Karl Krolow.**

c) Allegorie

38 **Worin unterscheiden sich die sprachlichen Bilder in den beiden bedeutungsgleichen Sätzen:**
„Bei der Auslosung der Gruppen haben wir uns als echte Glückspilze erwiesen."
„Bei der Auslosung der Gruppen hat Fortuna Pate gestanden."

39 **Bestimmen Sie die Bedeutung der folgenden Allegorien.**

allegorisches Bild	Ursprung	Bedeutung
Taube	in der bibl.Geschichte Überbringerin der Botschaft des Friedens Gottes und vom Ende der Sintflut	
Herbst	Natur, Zeit der Ernte, Ende des Sommers, (nahes) Ende des (pflanzlichen) Lebens	

Die Allegorie

Die Allegorie ist eine gesteigerte und „systematisierte" Form der Metapher. Während bei der Metapher das sprachliche Bild zu einem bestimmten Sachverhalt frei wählbar ist, ist das Entsprechungsverhältnis bei der Allegorie fest definiert.

40 **Erklären Sie, wo folgende allegorische Bilder ihren Ursprung haben und was sie im Zusammenhang der dichterischen Sprache bedeuten können.**

allegorisches Bild	Ursprung	Bedeutung
Frühling		
Waage		

d) Vergleich

41 **Erklären Sie die Bedeutung der folgenden Vergleiche.**

a) „Der Wagen fährt wie eine lahme Ente."
b) „Er ist ein Mann wie ein Baum."
c) „Wenn man mit ihr spricht, ist es, als ob man ein Lexikon vor sich hat."
d) „Sie singt gleich einer Nachtigall."

42 **Bilden Sie Vergleiche zu folgenden Sachverhalten.**

a) Der ICE fährt mit einer Höchstgeschwindigkeit von 300 km/h.
b) Herr Meier hat einen Arbeitstag von 14 Stunden.
c) Nach drei Tagen war das Brot sehr hart geworden.
d) Es hat sehr stark geregnet.

Der Vergleich

Im Gegensatz zur Metapher, wo sprachliches Bild und Bedeutung zwei verschiedenen Bereichen entstammen, wird beim Vergleich eine Verbindung zwischen zwei Bereichen hergestellt, die einen gemeinsamen Gehalt besitzen. Beispiel: „Er läuft schnell wie der Wind."

Der Vergleich wird zumeist hergestellt durch eine Partikel („wie", „als ob", „gleich"); die Partikel kann aber auch wegfallen („gekürzter Vergleich"). Beispiel: „Er lief in Windeseile zum Bahnhof."

In literarischen Texten, besonders in Gedichten, werden Vergleiche verwendet, um eine Aussage anschaulicher, „farbiger" und aussagekräftiger zu machen. Oft werden Eigenschaften zum Gegenstand eines Vergleichs.

43 **Suchen Sie aus dem Sonett „Menschliches Elende" von Andreas Gryphius (S. 72) die vorhandenen vier Vergleiche heraus. Erklären Sie ihre Bedeutung und die Wirkung, indem Sie sie durch umgangssprachliche Ausdrücke ersetzen.**

44 **Verfassen Sie eine zusammenhängende Deutung des Gedichts. Gehen Sie dabei besonders auf die Bildlichkeit der Sprache (Metaphern, Vergleiche) in Bezug auf den Inhalt ein.**

Andreas Gryphius: Menschliches Elende (1637)

Was sind wir Menschen doch! Ein Wohnhaus grimmer Schmerzen,
Ein Ball des falschen Glücks, ein Irrlicht dieser Zeit,
Ein Schauplatz herber Angst, besetzt mit scharfem Leid,
Ein bald verschmelzter Schnee und abgebrannte Kerzen.

Das Leben fleucht davon wie ein Geschwätz von Scherzen.
Die vor uns abgelegt des Leibes schwaches Kleid
Und in das Totenbuch der Sterblichkeit
Längst eingeschrieben sind, sind uns aus Sinn und Herzen.

Gleich wie ein eitel Traum leicht aus der Acht hinfällt
Und wie ein Strom verscheußt, den keine Macht aufhält,
So muss auch unser Nam, Lob, Ehr und Ruhm verschwinden.

Was itzund Atem holt, muss mit der Luft entfliehn,
Was nach uns kommen wird, wird uns ins Grab nachziehn.
Was sag ich? Wir vergehn wie Rauch von starken Winden.

[Acht: Aufmerksamkeit; itzund: jetzt]

3.7 Die sprachlichen Mittel und die formalen Gestaltungsmerkmale mit der Aussageabsicht verbinden

(...) Das Gedicht enthält in den ersten beiden Strophen einen umarmenden Reim und in der dritten und vierten Strophe einen Schweifreim. Die Betonung ist regelmäßig verteilt. Es liegt ein sechshebiger Jambus vor, ein Alexandriner. Die Versenden (Kadenzen) sind abwechselnd betont und unbetont. Es sind viele Personifizierungen vorhanden.(...)

1 Welche Fehler wurden in dieser Interpretation gemacht? (Hinweise auf die verwendeten Fachbegriffe finden Sie ab S. 89.)

Orientierungsfragen für die Interpretation

Vermeiden Sie es, formale Gestaltungsmittel nur aneinanderreihend aufzuzählen, sondern versuchen Sie immer auf eine mögliche **Bedeutung** einzugehen. Bei den sprachlichen Bildern ist das verhältnismäßig leicht, bei Reim, Metrum und Rhythmus ist es schwieriger. Einige Orientierungsfragen dazu, die Ihnen bei der Interpretation helfen können, lauten:

- Lässt sich zwischen den Versen, die durch den Endreim miteinander verbunden werden, ein besonderer inhaltlicher Zusammenhang erkennen?
- Vermittelt die Gestaltung von Reim und Rhythmus eher einen regelmäßigen, ruhigen oder einen unruhigen Eindruck? Wie passt dieser Eindruck zum Inhalt des Gedichts?
- Für den Fall, dass sich ein bestimmtes Metrum erkennen lässt: Sind durch die Betonungsverhältnisse bestimmte Wörter oder Bedeutungsfelder hervorgehoben?

Unter Berücksichtigung dieser Aspekte könnte der oben stehende Auszug aus einer Interpretation so verbessert werden:

(...) die ersten beiden Strophen enthalten einen umarmenden Reim, die dritte und vierte Strophe einen Schweifreim, wie es für die Form des Sonetts üblich ist. Dadurch vermittelt das Gedicht sowohl einen strengen als auch einen regelmäßigen, ruhigen Eindruck. Allerdings verbinden die Endreime auch besonders zusammengehörende Inhalte miteinander. Der regelmäßige Eindruck wird verstärkt durch den sechshebigen Jambus, den für das Sonett typischen Alexandriner. Er vermittelt eine gelassene, ruhige Stimmung. Zugleich ermöglicht die Betonung, besonders wichtige Wörter hervorzuheben: „ewig helle Schar .../... der sanfte Wind erwacht ...“ (Z. 3 – 4). Zur strengen Bauform gehören auch die wechselnden weiblichen und männlichen Kadenzen. Sie gestalten das Gedicht klingender und bewirken Abwechslung. Der heitere Eindruck wird darüber hinaus durch die kurzen und z. T. hellen Vokale und Diphthonge in den Endreimwörtern verstärkt. (...)

2 **Notieren Sie sich, welche zusätzlichen Angaben die zweite Fassung gegenüber der ersten enthält.**

3 **Beschreiben Sie zusammenhängend die formalen Gestaltungsmittel im Gedicht „Die Stadt“ (S. 50).**

4 Im Folgenden sind einige Gestaltungsmittel des Gedichts „Fahrt über die Kölner Rheinbrücke bei Nacht" zusammengetragen. Ordnen Sie ihnen die daneben aufgeführten inhaltlichen Bedeutungen zu.

Reimlosigkeit	*Unordnung*
kein festes Metrum	*Chaos der Gedanken*
aneinanderreihende Aufzählung von Substantiven	*starke Betonung des Gefühls*
Verben der Bewegung	*Fülle von Eindrücken und Gefühlen*
emotionale Adjektive	*Hochstimmung*
unvollständige Sätze	*Unruhe*
Einwortsätze	*Abrisshaftes*
religiös gefärbte Substantive	*Dynamik*

5 Untersuchen Sie das Gedicht „Fahrt über die Kölner Rheinbrücke bei Nacht" nach seinen äußeren Merkmalen und beschreiben Sie es in einem zusammenhängenden Text.

3.8 Die textexternen Faktoren einarbeiten

Zu dem Gedicht „Menschliches Elende" (S. 72) ist in einer Interpretation zu lesen:

Andreas Gryphius hat für sein Gedicht „Menschliches Elende" die im Barock verbreitete Form des Sonetts gewählt. Das Gedicht enthält also zwei Strophen zu je vier Versen und zwei Strophen zu je drei Versen, wobei die Verse regelmäßig sechs Hebungen haben. Inhaltlich zeichnet es sich durch eine ausgeprägte Antithetik, nämlich den Gegensatz zwischen den menschlichen Wunschvorstellungen vom Leben und dessen Vergänglichkeit und Vergeblichkeit, aus. Dieser Gedanke wird auch vom Hintergrund des 30-jährigen Krieges her verständlich, denn das Gedicht ist 1637 geschrieben. Unter ständig wechselnden Besatzern und angesichts von Soldaten, für die die Zivilbevölkerung „Freiwild" war, prägten sich die Zentralgedanken des Barocks „vanitas vanitatum" und „memento mori" aus: Das Leben ist vergänglich und vergeblich, da man höheren Mächten ausgeliefert ist, und der Mensch soll leben im Bewusstsein seiner Sterblichkeit.

1 Welche Informationen, die über die bloße Textbetrachtung hinausgehen, enthält dieser Text? Unterstreichen Sie.

Textexterne Informationen

Solche und ähnliche Informationen können zwar für sich allein kein Schlüssel für die Textinterpretation sein, sie können aber die Interpretation sinnvoll ergänzen und auch erleichtern. Dabei helfen Ihnen folgende Leitfragen:

- Was weiß ich vom **Verfasser** bzw. von der **Verfasserin?**
- Kenne ich **weitere Werke** von ihr oder von ihm?
- Gibt es irgendwelche **besonderen Ereignisse aus dem Leben des Autor**s, die für das Verständnis des vorliegenden Textes von Bedeutung sein könnten?
- **Wann** wurde der Text **verfasst** bzw. wann ist er **erschienen?**
- Gibt es irgendwelche **gesellschaftlichen** oder **politischen Hintergründe,** auf die sich der Text bezieht?
- Enthält der Text **Anspielungen?**

Fragen, die schon etwas weiterführen, sind:

- Ist etwas über die **Entstehungsgeschichte** des Textes bekannt?
- Ist etwas über die **Wirkungsgeschichte** des Textes bei seinem Erscheinen bekannt, etwa durch Kritiken oder Reaktionen anderer Dichterinnen und Dichter?
- Gibt es vielleicht **Korrespondenztexte,** also Texte mit einer ähnlichen Thematik desselben Verfassers oder anderer Autoren?

Beachten Sie Die Einarbeitung der textexternen Faktoren erfordert insofern Fingerspitzengefühl, als diese nicht zur Basis der Interpretation werden dürfen.
Vergessen Sie also nicht: Außerliterarische Fakten sind als **Ergänzung** zur eigentlichen Interpretation zu verstehen, nie als eigenständige Deutung. Beachten Sie darüber hinaus: Da sich die außerliterarischen Fakten normalerweise auf genaue Lebensdaten oder Ereignisse beziehen, können Sie darüber vergleichsweise wenig interpretieren und spekulieren. **Achten Sie auf Genauigkeit!**

2 Entsprechend gilt: Wenn die außerliterarischen Bezugspunkte für die Interpretation eine nebengeordnete Rolle spielen,

platzieren Sie sie am ____________________ Ihres Aufsatzes.

3 Interpretieren Sie nun das Gedicht „Die schlesischen Weber“ von Heinrich Heine (S. 76), indem Sie

a) den Text selbst nach den Ihnen bekannten Kriterien analysieren,

b) textfremde Elemente aus den Informationskästen in die Interpretation einbeziehen und sie mit den inhaltlichen Aussagen verbinden. Verschaffen Sie sich auch in einem Lexikon zusätzliche Informationen unter den Stichworten „Vormärz“ oder „Junges Deutschland“. Überlegen Sie, welche textexternen Faktoren Sie in **welcher Reihenfolge** für Ihre Interpretation nutzen können. Achten Sie darauf, inwieweit die außerliterarischen Fakten Ihre Interpretation stützen oder nicht.

Heinrich Heine: Die schlesischen Weber (1844)

Im düstern Auge keine Träne,
Sie sitzen am Webstuhl und fletschen die Zähne:
Deutschland, wir weben dein Leichentuch,
Wir weben hinein den dreifachen Fluch –
Wir weben, wir weben!

Ein Fluch dem Gotte, zu dem wir gebeten
In Winterskälte und Hungersnöten;
Wir haben vergebens gehofft und geharrt,
Er hat uns geäfft und gefoppt und genarrt –
Wir weben, wir weben!

Ein Fluch dem König, dem König der Reichen,
Den unser Elend nicht konnte erweichen,
Der den letzten Groschen von uns erpresst
Und uns wie Hunde erschießen lässt –
Wir weben, wir weben!

Ein Fluch dem falschen Vaterlande,
Wo nur gedeihen Schmach und Schande,
Wo jede Blume früh geknickt,
Wo Fäulnis und Moder den Wurm erquickt –
Wir weben, wir weben!

Das Schiffchen fliegt, der Webstuhl kracht,
Wir weben emsig Tag und Nacht –
Altdeutschland, wir weben dein Leichentuch,
Wir weben hinein den dreifachen Fluch,
Wir weben, wir weben!

Heinrich Heine

*	1797	in Düsseldorf als Sohn eines jüdischen Textilkaufmanns;
	1819	Jurastudium, mehr aus familiärer Rücksicht als aus echtem Interesse; intensive Beschäftigung mit Philosophie, Geschichte und Literatur;
seit	1822	Verfasser von Reiseskizzen und Gedichtzyklen;
	1825	formeller Übertritt zum Christentum, da Juden von öffentlichen Ämtern praktisch ausgeschlossen waren; Kritiker von Staat und Kirche;
	1827	„Buch der Lieder“ (finanzieller Erfolg);
	1831	Emigration nach Paris aufgrund der Zensur in Deutschland und aus Begeisterung für die frz. Juli-Revolution; fortan Korrespondent und Schriftsteller mit vorwiegend satirisch-zeitkritischen Themen; Bekanntschaft mit Karl Marx und sozialistischen Ideen; Eintreten für Entrechtete und Ausgebeutete
†	1856	in Paris

Der schlesische Weberaufstand

Anf. 19. Jh.: Einführung mechanischer Webstühle in Deutschland;
Folge: wirtschaftliches Elend in Gebieten mit textilverarbeitender Industrie;
1844: Aufstand gegen die Textilfabrikanten in Schlesien, Widerstand gegen Ausbeutung; teilweise Zerstörung der Webstühle durch die Weber (Maschinenstürmerei); blutige Niederschlagung des Aufstands durch das preußische Militär

Weitere literarische Verarbeitung des Themas:
Gerhart Hauptmann: Die Weber (Drama, 1892)

3.9 Einen aktuellen Bezug erkennen und einarbeiten

Literarische Texte sind vor allem „Kinder ihrer Zeit“. Dennoch wäre es falsch, Literatur nur auf ihren Entstehungszeitraum beschränkt zu sehen. Die meisten Texte wollen über ihre Zeit hinausweisen. Umgekehrt kann man als Leser bzw. Leserin die aktuelle Situation, Befindlichkeit, eigene Interessen etc. in älteren literarischen Texten wiederfinden und vielleicht aus einem anderen Blickwinkel betrachten. Deshalb sollten Sie versuchen, einen aktuellen Bezug herzustellen. Allerdings ist das manchmal bei älteren Texten schwer, weil diese in ihrer Sprache und Einstellung oft stark vom heutigen Denken abweichen.

Tipps

zur Herstellung eines aktuellen Bezuges

- Im Laufe Ihrer Interpretation haben Sie sich von Beginn an mit dem Thema des Textes befasst. Fragen Sie sich nun: Gibt es eine solche oder eine ähnliche Fragestellung auch heutzutage?
- Stellen Sie sich vor, Sie hätten den Text irgendjemandem zu erklären, der von Gedichten nicht viel hält oder versteht.
- Könnte das Gedicht auch heute geschrieben werden und wenn ja, in welcher Form?
- Schließlich gilt: Wenn Sie keinen aktuellen Bezug des Textes erkennen können, nehmen Sie keinen gezwungen wirkenden Aktualisierungsversuch vor, sondern lassen diesen Aspekt unbeachtet!

1 Beurteilen Sie folgende Aktualisierungsversuche zu Heines Gedicht.

a) *Das Gedicht ruft die Industriearbeiter auf, sich gegen ihre Chefs zur Wehr zu setzen.*

b) *Da es bei uns heutzutage keine Weber mehr gibt und sich die Arbeitsbedingungen sehr verbessert haben, ist das Gedicht nicht mehr aktuell.*

c) *Die Maschinenstürmerei führt zu nichts, denn der Fortschritt lässt sich nicht aufhalten. Also hat Heine mit seinem Gedicht Unrecht.*

d) *Das Gedicht prangert soziale Missstände in der ersten Hälfte des 19. Jh. an und verbindet dies mit der Hoffnung auf eine Revolution der Weber. Diese könnten als stellvertretend für alle Arbeiter angesehen werden. Dafür spricht auch, dass Heine mit Karl Marx zeitweilig befreundet war. Gegenüber den Zuständen von damals hat sich zwar heute einiges verbessert, aber in einer Zeit sozialer Konflikte (Arbeitslosigkeit, Sozialeinsparungen) hat das Gedicht eine aktuelle Funktion als Appell zum Einsatz für soziale Gerechtigkeit.*

Beachten Sie Wichtig ist also für Ihre Aktualisierung, dass

- Sie sich nicht zu weit vom eigentlichen Text entfernen,
- die Interpretation des Textes selbst Vorrang hat,
- eine Aktualisierung nicht allein in der Biografie des Verfassers/der Verfasserin begründet sein darf, sondern
- Sie auch nach der Bedeutung des Textes heute fragen.

Wenn Sie diese Ratschläge beachten, dann wird eine gut begründete Aktualisierung der Gesamtaussage Ihren Interpretationsaufsatz gelungen abrunden.

3.10 Gedichte vergleichen

Wie zu Beginn des Kapitels erwähnt, verlangt der Gedichtvergleich nichts grundsätzlich anderes von Ihnen als die „einfache" Gedichtanalyse. Eine Hauptaufgabe liegt darin, die für den Vergleich besonders **geeigneten Aspekte** herauszufinden und zum Ausdruck zu bringen. Meist wird es sich um eine der folgenden Fragen handeln:

1. Wie bearbeiten Dichter aus unterschiedlichen geschichtlichen und literarischen Epochen dasselbe (oder ein ähnliches) Thema?
2. Wie verarbeiten die beiden zu analysierenden Gedichte wichtige Aspekte ihrer literarischen Epoche?
3. Mit welcher Intention werden vergleichbare sprachliche Gestaltungsmittel in den beiden Texten eingesetzt?

Die Gliederung der vergleichenden Gedichtinterpretation

Eine Schwierigkeit liegt in der Anlage des vergleichenden Interpretationsaufsatzes. Soll man einfach beide Gedichte nacheinander interpretieren oder soll man sie je nach Untersuchungsaspekt nebeneinanderstellen? Grundsätzlich ist beides möglich. Vergleichen Sie die folgenden Gliederungsentwürfe.

Für welche der rechts aufgeführten Formen Sie sich entscheiden, ist, wie gesagt, nicht vorgeschrieben. Die erste Gliederungsvariante hat den Vorteil, dass man sich den Texten in Ruhe nacheinander widmen kann und nur selten springen muss. Sie birgt aber das Risiko, dass beide Interpretationen unverbunden nebeneinanderstehen und der Vergleich nicht deutlich wird.

▶ Wenn Sie sich für diese Form entscheiden, achten Sie darauf, dass Sie ab und zu auf das erste Gedicht eingehen, während Sie das zweite untersuchen, sodass deutlich wird, dass Sie wirklich eine vergleichende Gedichtanalyse verfasst haben.

Variante 1

1. Einleitung (Textart, Titel, Autoren, Aufgabenstellung)
2. Analyse Gedicht 1
   - 2.1 Aufbau, Inhalt und Aussage
   - 2.2 Sprache (Wortwahl, Satzbau, sprachl. Bilder, rhet. Mittel in Beziehung zur Aussage)
   - 2.3 Form (Bauform, Reim, Rhythmus, Klang)
3. Zusammenfassung der Analyse Gedicht 1; ggf. Wertung, Aktualität
4. Analyse Gedicht 2
   - 4.1 Aufbau, Inhalt und Aussage
   - 4.2 Sprache (vgl. 2.2)
   - 4.3 Form (vgl. 2.3)

5. Zusammenfassung der Analyse Gedicht 2 (vgl. 3)
6. (Ggf.) Vergleich in literaturhistorischer Sicht
7. Abschließende Einschätzung beider Gedichte

Variante 2

1. Einleitung (Textart, Titel, Autoren, Aufgabenstellung)
2. Gemeinsamkeiten in
   2.1 Inhalt,
   2.2 Sprache,
   2.3 Form
3. Unterschiede in
   3.1 Inhalt,
   3.2 Sprache,
   3.3 Form
4. Abwägung der Gemeinsamkeiten und Unterschiede, Hinweise auf die Aussageabsicht
5. (Ggf.) Literaturhistorische Einordnung
6. Zusammenfassung des Vergleichs und abschließende Wertung

Variante 3

1. Einleitung (Textart, Titel, Autoren, Aufgabenstellung)
2. Analyse des Inhalts
   2.1 Gedicht 1
   2.2 Gedicht 2
3. Analyse der Sprache
   3.1 Gedicht 1
   3.2 Gedicht 2
4. Analyse der Form
   4.1 Gedicht 1
   4.2 Gedicht 2
5. Aussageabsicht
   5.1 Gedicht 1
   5.2 Gedicht 2
6. Abschließender Vergleich und Wertung

Wie zu Beginn des Kapitels versprochen, können Sie nun die Anwendung sämtlicher Aspekte der Gedichtanalyse in einer ausführlichen vergleichenden Gedichtanalyse studieren. Das Sonett „Menschliches Elende“ von Andreas Gryphius (S. 72) ist Ihnen schon aus dem Abschnitt über die Gestaltungsmittel (Kap. 3.6, S. 57 ff.) bekannt. Ihm wird ein Gedicht, das gut 300 Jahre jünger ist, „Was schnell nun naht“ von Rolf Haufs (1979), gegenübergestellt.

Was schnell nun naht (1979)

Die Bäume zählt, sagt unser Freund
Sie sterben sterben Gift die Pest das Blech
Wir ein bisschen mit schon mehr und mehr

Mehr und mehr fällt uns ein Zahn
Ein Nagel wächst uns ein. Das Auge
Sieht nicht weit genug nicht nah. Das Haar
Ach lass das Haar.

Sieh hin, sieh nach ob noch im Mai
Die Kerzen leuchten der Kastanien. Und ob
Du selber noch am Leben bist, ich
Mein: ob du noch träumst
Von Sternen, Nachtluft, schwarzer Seife.

Denn mehr und mehr, sagt unser Freund
Stirbt unser Kopf, verbrennen Hände Füße.
Ja, wir halten uns. Doch
Hören wir auf jeden Schritt
Und nehmen ängstlich wahr
Was schnell nun naht Entfernung.

Menschliches Elende (1637)

Was sind wir Menschen doch! Ein Wohnhaus grimmer Schmerzen,
Ein Ball des falschen Glücks, ein Irrlicht dieser Zeit,
Ein Schauplatz herber Angst, besetzt mit scharfem Leid,
Ein bald verschmelzter Schnee und abgebrannte Kerzen.

Das Leben fleucht davon wie ein Geschwätz von Scherzen.
Die vor uns abgelegt des Leibes schwaches Kleid
Und in das Totenbuch der Sterblichkeit
Längst eingeschrieben sind, sind uns aus Sinn und Herzen.

Gleich wie ein eitel Traum leicht aus der Acht hinfällt
Und wie ein Strom verscheußt, den keine Macht aufhält,
So muss auch unser Nam, Lob, Ehr und Ruhm verschwinden.

Was itzund Atem holt, muss mit der Luft entfliehn,
Was nach uns kommen wird, wird uns ins Grab nachziehn.
Was sag ich? Wir vergehn wie Rauch von starken Winden.

1 **Was ist Ihr Eindruck nach dem ersten Lesen? – Eignen sich die Gedichte für einen Vergleich oder nicht?**

2 **Worin liegt das für den Vergleich wesentliche Moment?**

3.11 Vergleichende Gedichtinterpretation – ein Beispiel

Die Aufgabenstellung, die der folgenden vergleichenden Gedichtinterpretation zugrunde liegt, lautet: „Vergleichen Sie die Gedichte ‚Menschliches Elende' von Andreas Gryphius (1637) und ‚Was schnell nun naht' von Rolf Haufs (1979) und gehen Sie dabei besonders darauf ein, wie die Gedichte das Motiv des Todes behandeln."

Andreas Gryphius: „Menschliches Elende“ und Rolf Haufs: „Was schnell nun naht“

Thema beider Gedichte ist die Vergänglichkeit des menschlichen Lebens und das Verhältnis des Menschen zum Tod. Allerdings behandeln beide Dichter dieses Thema in einem zeitlichen Abstand von gut 300 Jahren auf ganz unterschiedliche Art.

Einleitender Satz: gemeinsames Thema

Andreas Gryphius' Sonett „Menschliches Elende“ ist im Jahre 1637 entstanden, also in der Zeit des Barock, und enthält einige der für diese Zeit typischen Motive.

Kurze Textbeschreibung: „Menschliches Elende“

In der ersten Strophe beschreibt das lyrische Ich in einer Vielzahl von Bildern das irdische Dasein als schmerzvoll (V. 1), irregeleitet und orientierungslos (V. 2), angst- und leidvoll (V. 3) und der Vergänglichkeit preisgegeben (V. 4).

Erste Strophe: Leben als Leiden

Dieses Motiv der Vergänglichkeit wird in der zweiten Strophe aufgenommen und erweitert um das Thema der Vergeblichkeit und Sinnlosigkeit des Lebens: Wer gestorben ist, kann für sich kein Gedenken in der Nachwelt erwarten, sondern wird von dieser bald vergessen (V. 8).

Zweite Strophe: Vergeblichkeit

Was das konkret bedeutet, entfaltet die dritte Strophe. Unaufhaltsam wie der Lauf der Natur „muß auch unser Nam, Lob, Ehr und Ruhm verschwinden“ (V. 11) – vom einzelnen Menschen bleibt nichts übrig, auch nicht das, wovon er sich vielleicht Nachruhm erhoffen mag.

Dritte Strophe: Radikalität des Todes

Im letzten Terzett wird diese Vorstellung noch einmal erweitert und zugespitzt. So wie dem Einzelnen geht es allen Menschen; das Menschengeschlecht ist insgesamt vergänglich „wie Rauch von starken Winden“ (V. 14).

Vierte Strophe: Allmacht des Todes

So ist das Gedicht ein Ausdruck zweier typischer Motive des Barock, der „vanitas vanitatum“, der Vergeblichkeit des

Historische Einordnung, typische Barockmotive

menschlichen Bemühens , und des „memento mori“, des Lebens angesichts der Gewissheit des Todes.

Kurze Textbeschreibung „Was schnell nun naht“:

Aus einem anderen Blickwinkel behandelt Rolf Haufs in seinem 1979 entstandenen Gedicht „Was schnell nun naht“ das Thema des Todes.

Es ist in vier Strophen zu drei bis sechs Zeilen gegliedert und wirkt wie ein Dialog zwischen dem lyrischen Ich, das in der 1. Pers. Pl. erscheint und nicht eindeutig identifizierbar ist, und einem Freund.

Erste Strophe: Tod der Umwelt und Tod des Menschen

Zunächst wird es durch den Freund mit der Realität konfrontiert: Die Umweltvergiftung, „Gift, die Pest, das Blech“ (V. 2), zieht nicht nur die Bäume, sondern auch die Menschen mit in den Tod. Das Motiv des „allgemeinen“ Sterbens wird in der zweiten Strophe übertragen auf den individuellen, körperlichen Tod: Ausfallende Zähne (V. 4), einwachsende Nägel (V. 5) und nachlassende Sehkraft (V. 5 f.) stehen für den menschlichen Alterungsprozess.

Zweite Strophe: Tod als körperlicher Verfall

Am Ende des Nachdenkens darüber steht Resignation: „Das Haar/Ach laß das Haar.“ (V. 6 f.) Es lohnt nicht mehr, angesichts der Gewissheit des Todes, über das Ausfallen der Haare zu sprechen.

Gegen die Resignation steht die Aufforderung des Freundes, auf die Natur zu achten und zu träumen. Die Fähigkeit zu träumen sieht er als gleichbedeutend mit Leben an: „Und ob/Du selber noch am Leben bist, ich/Mein: ob du noch träumst“. Gegen die Todverfallenheit des Menschen steht seine Fantasiebegabtheit, seine Fähigkeit, zu träumen und die Zeichen der Natur zu beachten.

Dritte Strophe: Träume als „Gegenmittel“ gegen den Tod

In der letzten Strophe schließt der Freund seine Rede nochmals mit einer Bestandsaufnahme, die das in V. 3 Gesagte konkre-

Vierte Strophe: Todesangst, Behauptungsversuch, Todesgewissheit

tisiert: „Denn mehr und mehr, sagt unser Freund/Stirbt unser Kopf, verbrennen Hände Füße.“ (V. 13 f.) Ob in den letzten vier Versen das lyrische Ich zur Sprache kommt oder die Rede des Freundes fortgesetzt wird, ist nicht klar. Sie könnten die Erwiderung auf das sein, was der Freund gesagt hat: Ja, man lebt, aber man lebt in Angst angesichts des schneller nahenden Todes. – Würde in V. 15 ff. die Rede des Freundes weitergehen, wäre das Personalpronomen „wir“ die Fortsetzung des „wir“ von V. 3. Die Aussage wäre dann eine ähnliche, allerdings könnte man das Ganze als die pessimistische Weltsicht des Freundes abtun. – So lässt es sich zwar grammatisch nicht eindeutig beweisen, aber es spricht inhaltlich viel dafür, dass die Verse 16 – 19 als Antwort auf die Verse 8 – 15 und damit als Standpunkt des lyrischen Ichs zu verstehen sind.

Unterschiede in der Behandlung des Themas bei Gryphius und Haufs

Der entscheidende Unterschied zu dem Sonett von Gryphius besteht darin, dass Haufs den (menschlich verschuldeten) Tod der Natur mit dem Tod des Menschen verbindet und diesen auch vielfältiger sieht als Gryphius. Geht es Gryphius um die grundsätzliche Tatsache menschlicher Sterblichkeit und um die damit verbundene Befürchtung, angesichts des Todes das Leben umsonst gelebt zu haben, so ist das für Haufs kein Thema. Ist für das lyrische Ich im Sonett die Befürchtung, dass nichts vom Menschen seinen Tod überlebt, ein Grund zur Resignation, stellt sich diese Frage für den Sprecher des zeitgenössischen Gedichts nicht. Das kann man u. a. aus den Entstehungsdaten der Gedichte ablesen: War der Barock, auch angesichts der Verheerungen durch den Dreißigjährigen Krieg, intensiv mit metaphysischen und

Gryphius: keine Jenseitshoffnung = Resignation
Haufs: Jenseitsvorstellung ist nicht Thema

Jenseitsvorstellungen befasst, so erscheinen diese Fragen heute oft zweitrangig. Der Tod bzw. das Todesbewusstsein ist aus der heutigen Gesellschaft, in der vor allem Jugend und Vitalität zählen, weitgehend verdrängt.

Was beide Texte miteinander verbindet, ist die generelle Sicht des Todes und das Motiv der Angst. Zwar wird sie bei Gryphius nicht ausdrücklich genannt, sondern erscheint in V. 3 eher auf das menschliche Leben bezogen. Auch könnte man annehmen, angesichts der wiederholt geäußerten Gewissheit des Sterbens sei dem lyrischen Ich die Angst davor genommen. Doch erscheint der Tod im Gedicht als etwas sehr Mächtiges (V. 7: „das Totenbuch der großen Sterblichkeit“; V. 14: das Bild von den „starken Winden“). Er vernichtet alles, was zum Menschen gehört, weshalb er von ihm gefürchtet werden muss, zumal, im Gegensatz zu anderen Gedichten Gryphius’ und der Barockzeit, hier keine Hoffnung auf Erlösung angedeutet wird. So strahlt das Gedicht eine ängstlich-resignative Stimmung aus.

Rolf Haufs bringt die menschliche Angst vor dem Sterben direkter zum Ausdruck: „Und nehmen ängstlich wahr/Was schnell nun naht Entfernung“ (V. 17 f.). Herrscht im Sonett angesichts der eigenen Vergänglichkeit Resignation und Ergebenheit vor, ist bei Haufs noch ein Ankämpfen gegen den Tod spürbar. So bringt die dritte Strophe zum Ausdruck, dass derjenige, der träumt, noch lebt, also noch nicht tot ist. Und wenn auch der Mensch stückweise stirbt (V. 3: „Wir ein bisschen“ ; V. 14 f.: „denn mehr und mehr, sagt unser Freund/ Stirbt unser Kopf, verbrennen Hände Füße“), versucht er sich gegen den Tod zu

Gemeinsamkeiten:
negative Sicht des Todes und Angst

Gryphius: Resignation angesichts Todesgewissheit

Bezug auf andere Werke des Autors

Haufs: Wahrnehmung der Angst, Impuls zur Gegenwehr

behaupten (V. 16: „Ja, wir halten uns.“). Insgesamt erscheint der Tod im Gedicht von Haufs vielfältiger, als bei Gryphius gesehen. Ist er dort der einzige, übermächtige Gegner des Menschen, betrifft er im zeitgenössischen Gedicht die Umwelt (Strophe 1), die einzelne Seele (Str. 3) und schlechthin alle Menschen (Str. 3 und 4). Bei Gryphius werden Vergänglichkeit und Tod zwar durch mannigfache Vergleiche umschrieben, aber nicht näher beschrieben. Haufs zeichnet dagegen ein detaillierteres Bild des Todes: „Gift“ und „Blech“ (V. 2) in Bezug auf die Umwelt, körperlicher Verfall, stückweises Absterben, Dagegenankämpfen und Angst hinsichtlich des Menschen. Der Tod wird physisch und psychisch verstanden.

Vielfältige Sicht des Todes bei Haufs: Tod der Umwelt, Tod des Einzelnen, Tod der Psyche

Auch das hat eine Ursache in der unterschiedlichen Entstehungszeit. War für den Barock, zumal vor dem Hintergrund des Dreißigjährigen Krieges, angesichts der Volksreligiosität der Tod etwas Normales, Gottgegebenes, so ist er in der Moderne zunehmend eine Tatsache, die der Mensch verdrängt oder gegen die er ankämpft (V. 15 f.).

Mögl. Ursachen für die spezifische Sicht des Todes

Beiden gemeinsam ist aber eine letzte Resignation gegenüber der Unausweichlichkeit des Todes. Ist sie, wie gezeigt, bei Gryphius das Grundmotiv des Gedichts, so zeigt sie sich auch bei Haufs, vor allem im scheinbar unaufhaltsamen stückweisen Sterben (V. 3, 13 f.) und im Schlussvers „Was schnell nun naht Entfernung“ (V. 18), aus dem auch die Überschrift abgeleitet ist.

Gemeinsamkeit in letzter Sicht des Todes als unabwendbar

Auch formal weisen beide Gedichte Unterschiede auf. Andreas Gryphius verwendet die für den Barock typische Gedichtform des Sonetts, das aus zwei Quartetten

Formale Merkmale im Vergleich Gryphius: trad. Form des Sonetts und zwei Terzetten besteht, wobei jeder der Verse zweimal drei Hebungen aufweist. In seiner klaren inhaltlichen Gliederung entspricht das Gedicht der Form: In der letzten Terzine wird das Vorangegangene zugespitzt interpretiert. Zugleich unterstreicht das Regelmaß die Ernsthaftigkeit der Einsicht.

An der Form des Gedichts von R. Haufs ist interessant, dass die Strophen um jeweils einen Vers länger werden: Damit entsteht der Eindruck von etwas Wachsendem, näher Kommendem, wie es der Titel auch nahelegt. So spiegelt das Gedicht auch in der äußeren Form das Bewusstsein des näher kommenden Todes wider.

Haufs: unregelmäßige, aber bewusst gestaltete Form

Haufs' Gedicht enthält weder ein festes Metrum noch einen Reim.

Haufs: Reimlosigkeit; kein festes Metrum

Im Gryphius-Sonett werden vor allem in zahlreichen Vergleichen und anderen bildhaften Ausdrücken die Vergänglichkeit des Lebens und die Macht des Todes zum Ausdruck gebracht. So finden sich Vergleiche, die die Schwere des menschlichen Lebens zum Ausdruck bringen, in der gesamten ersten Strophe. Seine Vergänglichkeit wird mit einem Traum (V. 9) und einem schnell dahinschießenden Strom (V. 10) verglichen; schließlich gipfelt die Vorstellung von der menschlichen Vergänglichkeit in dem Vergleich „wir vergehn wie Rauch von starken Winden“ (V. 14). Auch Metaphern (V. 6) und Personifikationen (V. 5) finden sich.

Gryphius: Bilderreichtum

Im zeitgenössischen Gedicht ist die Wortwahl alltäglich geprägt (z. B. V. 2: „Gift die Pest das Blech“). Enthält das Gryphius-Sonett eine Vielzahl von bildlichen Ausdrücken, wirkt die Sprache bei Haufs direkter und unmittelbarer. Vielleicht ist

Wortwahl in „Was schnell nun naht“: Elemente der Alltagssprache, direkt

diese Direktheit Ausdruck einer geschwundenen Ehrfurcht vor dem Tod.

Kunstvoll gestalteter Satzbau

Dagegen weist die Sprache Haufs' besonders im Satzbau einen hohen Grad an Gestaltung auf. So sind die Sätze nicht immer grammatisch vollständig oder korrekt, z. B.: „Sie sterben sterben Gift die Pest das Blech/Wir ein bisschen mit schon mehr und mehr." (V. 2 f.) Einerseits ist das Prädikat verdoppelt, um es zu betonen, an anderer Stelle ist es ausgelassen. An weiteren Stellen ist ein Prädikat unvollständig (V. 4), ein Genitiv verdreht (V. 9), einige Aufzählungen erscheinen ohne Kommata (V. 2, V. 15) und der wichtige letzte Satz (V. 18 f.) ist grammatisch nicht ohne weiteres verständlich. Durch diese Gestaltung wird deutlich, dass es sich nicht nur um die Wiedergabe alltäglicher Gedanken, sondern um die dichterische Verarbeitung einer menschlichen Grundsituation handelt.

Abschluss: formaler Vergleich

So weisen beide Gedichte einen hohen Grad an Geformtheit auf, welcher dem „hohen Thema" entspricht.

Bezug der beiden Gedichte zueinander

Das zeitgenössische Gedicht „Was schnell nun naht" von Rolf Haufs bestätigt und erweitert gewissermaßen die Aussage des Gryphius-Sonetts. Der Tod hat von seinem bedrohlichen Charakter für den Menschen nichts verloren. So scheint das Thema zeitlos aktuell zu sein, und für die Leser stellt sich die Frage, ob, wer ein sinnerfülltes Leben führen möchte, sich nicht mit der Tatsache des Todes auseinandersetzen muss.

Fachbegriffe für die Gedichtinterpretation

Dass es für die Gedichtinterpretation zahlreiche Fachbegriffe gibt, wissen Sie aus Ihrem Unterricht und haben Sie in den vorhergehenden Kapiteln gesehen. Das trifft besonders auf die **rhetorischen Figuren** zu. Dabei handelt es sich um besondere Möglichkeiten, mehrere Wörter in einer bestimmten Abfolge anzuordnen oder durch andere Wörter zu ersetzen. Einige dieser rhetorischen Figuren, die in Texten aller literarischen Gattungen vorkommen, haben Sie kennengelernt, z. B. die Metapher und die Personifikation.
Insgesamt gibt es ca. 30 dieser Figuren, eine Fülle, in der auch Fachleute leicht den Überblick verlieren. Die meisten Sprach- und Arbeitsbücher für die Oberstufe enthalten einen Überblick über die rhetorischen Figuren, den Sie sich unbedingt ansehen sollten.
Hier sind nun die wichtigsten Fachbegriffe aufgelistet. Wo es sinnvoll ist, wird auch etwas zur möglichen Wirkung der formalen und sprachlichen Mittel gesagt, doch sollen diese Hinweise eine eigene Untersuchung und Deutung nicht einengen oder gar ersetzen.

		mögliche Wirkung
Alexandriner	Bestimmter Versfuß: sechshebiger Jambus mit einer Pause in der Mitte; besonders im Barock (siehe auch Sonett) verwendet Beispiel: „Was sind wir Menschen doch? Ein Wohnhaus grimmer Schmerzen“ (Gryphius, Menschliches Elende)	*Regelmäßigkeit, Spiegelung von Gegensätzen (Antithetik) in der Form*
Alliteration	Innerhalb eines Verses oder Satzes beginnen zwei oder mehr Wörter mit dem gleichen Laut Beispiel: „Wie der Wächter in den Weingeländen“ (Rilke)	*Lautmalerei zur Hervorhebung, Betonung*
Anapher	Mehrere Verse oder Sätze beginnen mit dem gleichen Wort oder Satzteil. Beispiel: „Laß höchster Gott/mich doch nicht auf dem Laufplatz gleiten Laß mich nicht Ach/ nicht Pracht/nicht Lust nicht Angst verleiten!“ (Gryphius, Abend)	*Hervorhebung, Nachdruck*
Ballade	Traditionelle Gedichtform: enthält epische (Handlung), dramatische (Dialog) und lyrische Elemente (Gedichtform, Strophen, Reime); befasst sich oft mit geheimnisvollen oder tragischen Ereignissen	

Chiffre	Absolute Metapher: stark verschlüsseltes, rätselhaftes sprachliches Bild Beispiel: „In den Äther speit Gold/ein raubender Fisch.“ (E. Meister, Fermate)	*Uneindeutigkeit des Gesagten*
Ellipse	Satzverkürzung: Auslassung von Wörtern oder Satzteilen, die für die grammatische Vollständigkeit nötig wären Beispiel: „die Hände strecken/Starre bebt“ (A. Stramm, Sehnen)	*Leidenschaftlichkeit, Verdichtung der Aussage*
Enjambement	Zeilensprung: Das Ende eines Satzes bzw. Gedankens fällt nicht mit dem Zeilen-, Vers- oder Strophenende zusammen Beispiel: „Alle Landschaften haben/ Sich mit Blau gefüllt“ (G. Heym, Träumerei in Hellblau)	*Herstellung von Zusammenhängen, Darstellung übergreifender Gedanken*
Freie Rhythmen	Verszeilen, die kein Metrum und keinen Reim aufweisen, aber doch einen rhythmisch bewegten Eindruck machen Beispiel: „Bedecke deinen Himmel, Zeus,/ Mit Wolkendunst!“ (J. W. Goethe, Prometheus)	*Ungebundenheit, Erregtheit, Leidenschaftlichkeit*
Kadenz	Form des Versendes in metrisch gebundenen Gedichten: einsilbige („stumpfe“, „männliche“) K. und zweisilbige „klingende“, „weibliche“ K. Beispiel für Wechsel von klingender und stumpfer K.: „Sterne - stand - Ferne - Land“ (J. v. Eichendorff, Sehnsucht)	*Klangstruktur, Gleichklang*
Lyrisches Ich	Sprecher im Gedicht, entweder subjektiv beteiligt oder kommentierend oder berrichtend, hinter das Geschehen zurücktretend. Nicht mit dem Autor/der Autorin verwechseln!	
Metapher	Sprachliches Bild: übertragener Wortgebrauch Beispiel: „Häusermeer“ (G. Heym, Die Dämonen der Städte), „Des fernen Abends zarte Müdigkeit“ (G. Heym, Ophelia)	*Veranschaulichung, Steigerung der Aussagekraft*

Metrum	Regelmäßige Abfolge von Hebungen und Senkungen (betonten und unbetonten Silben), sog. Versfüßen: Jambus: betonte folgt auf unbetonte Silbe (xx́) Trochäus: unbetonte folgt auf betonte Silbe (x́x) Anapäst: auf zwei unbetonte folgt eine betonte Silbe (xxx́) Daktylus: auf eine betonte folgen zwei unbetonte Silben (x́xx) Beispiele vgl. S. 58 f.	*Regelmäßigkeit, Sprachfluss, Einprägsamkeit*
Ode	Traditionelle Gedichtform: hoher pathetischer Stil, Ausrufe, oft in Anredeform, „große" Themen, Gliederung in Strophen, aber keine Reime, oft freie Rhythmen Beispiel: „Schön ist, Mutter Natur, deiner Erfindung Pracht" (Klopstock, Der Zürchersee)	
Personifizierung	Gegenstände oder Naturerscheinungen werden mit menschlichen Eigenschaften bezeichnet Beispiel: „Wie die Wolken erzittern!" (I. Bachmann, Nebelland)	*Verlebendigung, Veranschaulichung*
Reim	Endreim: Gleichklang am Versende wichtige Reimformen: Paarreim: aa bb („zog – flog – erfreut – heut"; F. Freiligrath, Von unten auf!) Kreuzreim: ab ab („Nacht – Pflanzen – gedacht – tanzen"; Th. Storm, Hyazinthen) umarmender Reim: ab ba („Hut – Geschrei – entzwei – Flut"; J. v. Hoddis, Weltende) Schweifreim: aac bbc („grün – blühn – drunter – Wiesengrund – bunt – bunter"; Goethe, Mailied) (Vgl. auch die Beispiele S. 56 f.)	*Regelmäßigkeit, Wohlklang, Zusammengehörigkeit, Harmonie*
Rhythmus	Betonungswechsel im metrisch vorgegebenen Sprachfluss des Verses („natürliche" Betonung)	*Veranschaulichung, Verstärkung der Aussage*

Sonett	Gedichtform: Vier Strophen, zwei Vierzeiler (Quartette), zwei Dreizeiler (Terzette), Versmaß: Alexandriner; besonders im Barock, aber auch in der zeitgenössischen Literatur gebräuchlich	
Symbol	Bildliche Darstellung eines abstrakten Gedankens durch einen konkreten Gegenstand	
Vergleich	Zwei Gegenstände/Bereiche werden miteinander verglichen, um etwas ihnen Gemeinsames zum Ausdruck zu bringen Beispiel: „Dies Leben fleucht davon wie ein Geschwätz und Scherzen“ (Gryphius, Menschliches Elende)	

Test

Joseph von Eichendorff: Weihnachten (1837)

Markt und Straßen stehn verlassen,
Still erleuchtet jedes Haus,
Sinnend geh ich durch die Gassen,
Alles sieht so festlich aus.

An den Fenstern haben Frauen
Buntes Spielzeug fromm geschmückt,
Tausend Kindlein stehn und schauen,
sind so wunderstill beglückt.

Und ich wandre aus den Mauern
Bis hinaus ins freie Feld,
Hehres Glänzen, heilges Schauern!
Wie so weit und still die Welt!

Sterne hoch die Kreise schlingen,
Aus des Schnees Einsamkeit
Steigt's wie wunderbares Singen –
O du gnadenreiche Zeit!

1 **Bestimmen und beschreiben Sie das Gedicht nach seinen formalen Merkmalen.**

2 **Beschreiben Sie die Situation des lyrischen Ichs. Aus welcher Situation heraus spricht es, was beschreibt es?**

3 **Welches klangliche Mittel kommt in den Versen 5, 7 und 11 zur Anwendung? Welche Wirkung wird damit erreicht?**

4 **Beschreiben Sie die syntaktische Struktur (den Satzbau) des Gedichts. Was ist an der Verwendung der Satzarten auffällig, welche Wirkung ist damit vermutlich beabsichtigt?**

5 **Sammeln Sie die Begriffe, die zu den Wortfeldern „Stille", „Einsamkeit" und „Fest", „Festlichkeit" gehören. Das Gedicht enthält auch einen Neologismus (Wortneubildung). Welchen?**

6 Versuchen Sie, eine Aussage des Gedichts zu formulieren.

Dabei sollten Sie auf folgende Aspekte eingehen:
die Atmosphäre und wie sie vom lyrischen Ich empfunden wird,
die Haltung des lyrischen Ichs gegenüber der Stadt/den Menschen/der Gesellschaft.

7 Bestimmen Sie die in den folgenden Versen verwendeten Stilmittel:

a) *Was sind wir Menschen doch! Ein Wohnhaus grimmer Schmerzen* (Gryphius)
b) *Dämmrung will die Flügel spreiten* (Eichendorff)
c) *Dies Leben fleucht davon wie ein Geschwätz und Scherzen* (Gryphius)
d) *Laue Luft kommt blau geflossen* (Eichendorff)

Ingeborg Bachmann: Freies Geleit (Aria II) (1957)

Mit schlaftrunkenen Vögeln
und winddurchschossenen Bäumen
steht der Tag auf, und das Meer
leert einen schäumenden Becher auf ihn.

Die Flüsse wallen ans große Wasser,
und das Land legt Liebesversprechen
der reinen Luft in den Mund
mit frischen Blumen.

Die Erde will keinen Rauchpilz tragen,
kein Geschöpf ausspeien vorm Himmel,
mit Regen und Zornesblitzen abschaffen
die unerhörten Stimmen des Verderbens.

Mit uns will sie die bunten Brüder
und grauen Schwestern erwachen sehn,
den König Fisch, die Hoheit Nachtigall
und den Feuerfürsten Salamander.

Für uns pflanzt sie Korallen ins Meer.
Wäldern befiehlt sie, Ruhe zu halten,
dem Marmor, die schöne Ader zu schwellen,
noch einmal dem Tau, über die Asche zu gehn.

Die Erde will ein freies Geleit ins All
jeden Tag aus der Nacht haben,
daß noch tausend und ein Morgen wird
von der alten Schönheit jungen Gnaden.

8 Fassen Sie den Gedanken jeder Strophe in einem Satz zusammen und verfassen Sie daraus einen zusammenhängenden Text zum Aufbau des Gedichts.

9 Schreiben Sie einen einleitenden Satz zur Interpretation des Gedichts, in dem Sie folgende Aspekte berücksichtigen: Titel, Autorin, Entstehungsjahr, Thema.

10 Herausragendes Stilmittel in „Freies Geleit“ ist die Personifikation.

a) Erklären Sie, was man unter einer Personifikation versteht.
b) Welche Personifikationen enthält das Gedicht?
c) Welche für die Aussage des Gedichts wichtige Wirkung wird mit den Personifikationen erzielt?

11 Deuten Sie die drei folgenden stärker chiffrierten sprachlichen Bilder:

„Die Erde will keinen Rauchpilz tragen“
(Die Erde befiehlt,) „noch einmal dem Tau, über die Asche zu gehen“
„Die Erde will freies Geleit ins All“ [Freies Geleit = Sicherheit, Garantie, nicht angetastet zu werden]

12 Bestimmen Sie die Aussage des Gedichts.

4.1 Die Besonderheiten der Drameninterpretation

Erinnern Sie sich

Neben erzählenden Texten (Prosa) und Gedichten (Lyrik) ist das Drama die dritte literarische Gattung. Allgemein gesagt unterscheidet diese sich von den beiden anderen dadurch, dass das Drama die Textvorlage für eine auf der Bühne von verschiedenen Figuren direkt in Rede und Gegenrede (Dialog) dargestellte Handlung bildet. Durch die Dominanz der direkten Rede ist das Drama unmittelbarer als Prosa und Lyrik.
Zum Drama gehört mehr als der Text der Figuren. Bühnenbild, Requisiten und Kostüme spielen ebenfalls eine Rolle für das Verständnis des Dramas. Sofern sie in den Regieanweisungen (vgl. S. 97) vorgegeben sind, müssen sie in die Interpretation einbezogen werden.
Zu unterscheiden sind Tragödie/Trauerspiel und Komödie/Lustspiel. Lässt sich das Stück nicht so eindeutig klassifizieren, spricht man von Drama oder Schauspiel.

4.2 Formelemente des Dramas

Erinnern Sie sich

Ein Drama besteht aus **Akten,** deren Zahl variabel ist (vgl. die Gegenüberstellung von geschlossener und offener Form des Dramas S. 117 f.). Ein Akt bezeichnet rein formal den Zeitraum zwischen dem Auf- und Zuziehen des Bühnenvorhangs, daher stammt auch die deutsche Bezeichnung **Aufzug.** Inhaltlich markiert ein Akt eine Handlungseinheit. Im klassischen, geschlossenen Drama kommt den Akten eine je eigene Funktion im Gesamtgefüge des Stücks zu (vgl. S. 117 f.).

Ein Akt wiederum besteht aus mehreren **Szenen.** Eine Szene bezeichnet meist den Zeitraum, in dem sich eine bestimmte Figurenkonstellation auf der Bühne befindet, daher auch die deutsche Bezeichnung **Auftritt.** Ein Szenenwechsel ergibt sich demzufolge meist durch eine Veränderung der Figurenkonstellation oder durch einen Wechsel des Handlungsortes.

Der Nebentext

Als Nebentext bezeichnet man im Drama alles, was nicht zur Figurenrede (vgl. S. 100 f.), also zum gesprochenen Text, gehört. Das sind in erster Linie **Regieanweisungen,** in denen die Figuren in Aussehen, Kleidung, Körperhaltung, Bewegung, Mimik und Gestik, stellenweise auch in ihrem Gemütszustand beschrieben werden. Darüber hinaus kann der Nebentext Hinweise zum Bühnenbild, zu Requisiten, Geräuschen u. Ä. enthalten. Das bezeichnet man als **Szenenanmerkungen.**

Beachten Sie Auch wenn der Nebentext meist kurz ist, sollten Sie ihn genau lesen und darauf achten, inwieweit er **Informationen** für den Fortgang des Stücks und für die Interpretation enthält. Oft kann man z. B. einer Regieanweisung entnehmen, ob eine Äußerung offen gemeint oder taktisch und unaufrichtig ist.

Der Raum

Der Raum spielt für das Drama eine zweifache Rolle:

a) als Handlungsort der Figuren,
b) als gestalteter Bühnenraum für die gesamte Szene. Die Figuren stehen oft in wechselseitiger Beziehung mit den Räumen, in denen sie auftreten.

Beispiel

Goethes Drama „Faust I“: „Nacht. In einem hochgewölbten, engen, gotischen Zimmer“	Die Nacht kennzeichnet die Dunkelheit von Fausts Gemüt, die Enge sein Gefühl des Eingesperrtseins, das „hochgewölbte, gotische Zimmer“ das himmelwärts Strebende seiner Gedankenwelt.
„Abend. Ein kleines reinliches Zimmer“	Charakterisierung Gretchens als unschuldig (im wörtlichen Sinn wie im übertragenen, sexuellen Wortgebrauch), Beschreibung ihrer Welt als „klein“, einfach, kleinbürgerlich.

Die Funktion des Raumes

Nicht immer ist der Raum so deutlich von „sprechender Bedeutung“, aber oft dient er dazu, die Figuren in ihrer Situation näher zu charakterisieren. Darüber hinaus kann er zur Gestaltung der Stimmung beitragen, wie schon an den Beispielen zu sehen war.

Tipp

Hinweise zum Ort finden sich im Nebentext (vgl. S. 97f.). Gelegentlich gehen die Figuren selbst auf den Raum ein. Lesen Sie für Ihre Interpretation v. a. die Regieanweisungen genau, dann ist es Ihnen möglich, angemessen auf den Raum einzugehen.

4.3 Die Figuren

Die Figurenkonstellation

Alle Figuren zusammen, die „dramatis personae“, bilden die **Figurenkonstellation** (Personenkonstellation). Sie bringt zum Ausdruck, wie die einzelnen Figuren eines Dramas zueinander stehen. Je nach Anzahl der Figuren und nach der Entwicklung der Handlung kann sich die Darstellung der Figurenkonstellation mehr oder weniger kompliziert gestalten. Es müssen auch nicht immer alle Figuren berücksichtigt werden, oft reichen die **Hauptfiguren.**

Tipp

Bevor man ein Drama bzw. eine Dramenszene interpretiert, sollte man sich unbedingt in einer Skizze eine Übersicht über die Figurenkonstellation verschaffen.

Beispiel

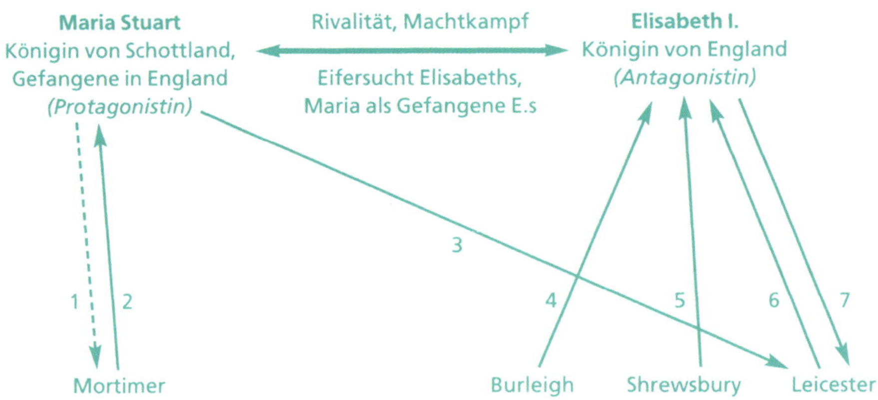

1 Ausnutzen zum Zweck der Befreiung
2 Liebe, Hörigkeit
3 Ausnutzen zum Zweck der Befreiung
4 Berater, Vertreter der Staatsraison
5 Berater, Vertreter der Mäßigung, Legitimität
6 Berater, Intrige, gibt sich hart, arbeitet aber für Marias Befreiung
7 Vertrauen, uneingestandene Liebe

1 Beschreiben Sie in einigen Sätzen, in welchem Verhältnis die Hauptfiguren in „Maria Stuart" von Friedrich Schiller zueinander stehen.

Darstellung einer Einzelfigur

Bei einer Drameninterpretation kommt es auch darauf an, die Einzelfiguren in ihrem **Wesen** und in ihrer **Bedeutung für die Handlung** zu erfassen und darzustellen. Zunächst greift man dabei auf die grundlegenden Techniken der **Charakterisierung** (vgl. S. 28) zurück. Die Charakterisierung einer Person umfasst zum geringeren Teil das Äußere, zum größeren Teil wichtige Charaktereigenschaften und typische Verhaltensweisen der Person. Ziel ist es, möglichst genau das Wesen der Person zu bestimmen. Die Charakterisierung einer Dramenfigur unterscheidet sich also nicht grundlegend von der einer Figur aus einem erzählenden Text.

2 Im Folgenden sind stichwortartig Charakterzüge der Figur Musikus Miller aus dem Drama „Kabale und Liebe" von Friedrich Schiller aus dem Jahre 1784 aufgelistet. Fügen Sie sie zu einer Charakterisierung zusammen! Suchen Sie zunächst nach zueinanderpassenden Elementen. Schreiben sie dann einen zusammenhängenden Text.

bürgerlicher Familienvater – einerseits liebevoller Vater, andererseits autoritärer Patriarch – einerseits selbstbewusst, andererseits dem Standesdenken verhaftet – Gottvertrauen, Frömmigkeit, hält Tochter vom Selbstmord ab – kein Verständnis für die Jugend – kein Vertrauensverhältnis zu seiner Frau – kündigt viel an, tut wenig – lässt Tochter, in Standesgrenzen, freie Wahl des Ehepartners – mit väterlichem Autoritätsanspruch gescheitert – Stolz auf eigene, selbst geschaffene Existenz – Traum vom Reichtum – Träume von Glück und Aufstieg – will Ende der Beziehung seiner Tochter Luise zum Adligen Ferdinand – zwiespältig

Die Funktion einer Figur

Um die **Funktion einer Figur für die Handlung** zu bestimmen, sind diese Fragen hilfreich:

- Handelt es sich um eine Haupt- oder um eine Nebenfigur?
- Ist das, was sie sagt und tut, von großer oder eher untergeordneter Bedeutung für das gesamte Stück?
- Wie ist ihre Einstellung zu den anderen Figuren der Szene/des Dramas?
- Inwieweit ist ihr Handeln für ihr Verhalten im gesamten Stück typisch oder eher untypisch?
- Welche der allgemein kennzeichnenden Charakterzüge treten hervor?

4.4 Figurenrede

Der Monolog

Wenn sich eine Figur allein auf der Bühne befindet und spricht oder beim Sprechen andere Anwesende nicht beachtet, nennt man das einen **Monolog.** Es handelt sich um eine Art Selbstgespräch, das lang oder kurz sein kann. Der Monolog steht meist im **Präsens.**

Zur **Interpretation von Monologen** können folgende **Leitfragen** hilfreich sein:

- Hat der Monolog ein zentrales Thema?
- In welcher Beziehung steht er zum Thema des Stücks? → Hinweis auf den Stellenwert des Monologs im Gesamtzusammenhang des Dramas
- In welcher besonderen Situation befindet sich die Figur, bevor und während sie den Monolog spricht? → situativer Kontext, Bedeutung des Monologs für die Charakterisierung der Figur
- Welchen Einfluss hat der Monolog auf die weitere Handlung? → Stellung des Monologs im Gesamtzusammenhang des Stücks
- Wie ist der Monolog sprachlich und formal gestaltet? → Rückschlüsse auf die Verfassung der Figur im Stück

1 **Beschreiben und interpretieren Sie den Monolog der Margarete aus Goethes „Faust I". Zum Vorverständnis: Mephisto hat, um Gretchen für Faust zu gewinnen, ein Schmuckkästchen in ihrem Zimmer versteckt. Margarete kehrt heim und entdeckt dieses. Sie ist zu diesem Zeitpunkt das Muster einer anständigen, unschuldigen jungen Frau. Beantworten Sie, soweit Sie können, die Leitfragen (siehe oben). Nennen Sie sprachliche Mittel, die Ihnen auffallen.**

Abend. Ein kleines reinliches Zimmer.

MARGARETE mit einer Lampe.
Es ist so schwül, so dumpfig hie
(Sie macht das Fenster auf.)
Und ist doch eben so warm nicht drauß'.
Es wird mir so, ich weiß nicht wie –
Ich wollt', die Mutter käm nach Haus.
Mir läuft ein Schauer über'n ganzen Leib –
Bin doch ein töricht furchtsam Weib!

(Sie fängt an zu singen, indem sie sich auszieht.
Volkslied: König in Thule.)

(Sie eröffnet den Schrein, ihre Kleider einzuräumen, und
erblickt das Schmuckkästchen.)

Wie kommt das schöne Kästchen hier herein?
Ich schloss doch ganz gewiss den Schrein.
Es ist doch wunderbar! Was mag wohl drinne sein?
Vielleicht bracht's jemand als ein Pfand,
Und meine Mutter lieh darauf.
Da hängt ein Schlüsselchen am Band,
Ich denke wohl ich mach' es auf!
Was ist das? Gott im Himmel! Schau,
So was hab' ich mein' Tage nicht gesehn!
Ein Schmuck! Mit dem könnt' eine Edelfrau
Am höchsten Feiertage gehn.
Wie sollte mir die Kette stehn?
Wem mag die Herrlichkeit gehören?
(Sie putzt sich damit auf und tritt vor den Spiegel.)
Wenn nur die Ohrring' meine wären!
Man sieht doch gleich ganz anders drein.
Was hilft euch Schönheit, junges Blut?
Das ist wohl alles schön und gut,
Allein man lässt's auch alles sein;
Man lobt euch halb mit Erbarmen.
Nach Golde drängt, Am Golde hängt
Doch Alles. Ach wir Armen!

Der Dialog

Der Dialog ist das wichtigste Bauelement des Dramas. Als Dialog bezeichnet man ein Gespräch von zwei oder mehreren Figuren. Hier geht es oft um die Entwicklung und das Austragen von Konflikten. Zur Interpretation von Dialogen vgl. S. 110 ff.

Der Sprechakt

Im Drama handeln die Figuren durch Sprechen. Das heißt, man „sagt" nicht nur einfach etwas, sondern indem man etwas sagt, „tut" man etwas damit.
Beispiel: Je nach dem Zusammenhang kann der Satz „Karl hat das Geld genommen." eine Feststellung, ein Verdacht, eine Unterstellung oder eine bloße Behauptung sein. Solche Sprachhandlungen werden in der modernen Sprachwissenschaft als „Sprechakte" bezeichnet. Die Sprechakte werden mit **redeeinleitenden Verben** umschrieben. Diese sind für die Beschreibung und Interpretation von Dramenszenen von besonderer Bedeutung, da sie eine genaue Beschreibung von Dialogen oder einzelnen Redebeiträgen ermöglichen.

Beispiele

Redeeinleitende Verben sind: sagen, meinen, glauben, vermuten, bezweifeln, verneinen, negieren, ablehnen, bestreiten, abwehren, unterstellen, verdächtigen, behaupten, feststellen, betonen, befehlen, auffordern, bitten, wünschen, vorschlagen, entgegnen, widersprechen, erklären, erläutern, berichten, erzählen, lügen, raten, warnen, ermuntern, beweisen.

Tipp

Wenn Sie einen Dialog beschreiben und dabei auf einzelne Redebeiträge näher eingehen, verwenden Sie diese redebeschreibenden Verben! Sie geben dann nicht nur eine differenzierte Darstellung des Redebeitrags, sondern Sie leisten bereits ein Stück Interpretation.

4.5 Schritte zur Interpretation

Durcharbeiten einer Szene

Ähnlich wie bei den erzählenden Texten ist auch für die Interpretation von Dramentexten die Einteilung und das Durcharbeiten einer Szene ein wichtiger Schritt für das Verständnis (vgl. S. 11 ff.). Die **Gliederung der Szene in Sinnabschnitte** hilft dabei, den inneren Aufbau und den Spannungsbogen zu verdeutlichen.

Leitfragen:

- Wo sind inhaltliche Einschnitte erkennbar? (Thema, Atmosphäre, Ereignis)
- Hat die Szene/der Dialog einen erkennbaren Höhepunkt? Worin besteht er (Zuspitzung eines Konflikts, Lösung/Auflösung, Vorbereitung eines Plans etc.)? Wie wird er vorbereitet?
- Inwiefern verändert sich das Verhalten der Figuren während der Szene?
- Ändern sich die Gesprächsanteile innerhalb des Stücks?

Machen Sie **Anmerkungen am Textrand** (vgl. S. 12 f.):

- Wichtige Stellen werden unterstrichen oder mit Textmarker markiert. Hilfreich ist es, für die verschiedenen Gesprächsteilnehmer unterschiedliche Farben zu wählen.
- Zentrale Inhalte werden stichwortartig am Rand festgehalten.
- Wichtige (aber nicht alle!) Sprechakte (vgl. S. 102) sind am Rand zu vermerken.
- Versehen Sie wichtige Äußerungen und Wendungen mit einem Ausrufezeichen.
- Heben Sie Unklarheiten mit einem Fragezeichen hervor.
- Gesprächshöhepunkt und Gesprächsergebnis stichwortartig festhalten.
- Querverbindungen können mit einer Linie zwischen den Passagen gezeigt werden.

Im Folgenden werden alle Schritte einer Szeneninterpretation an einem Beispiel aus G. E. Lessings „Nathan der Weise“ (1779) durchgeführt. Die ausgesuchte Szene, 5. Aufzug, 6. Auftritt (V/6), wurde dazu bereits gegliedert. In den ersten drei Teilen werden die einzelnen Schritte exemplarisch vorführt, für die übrigen Teile gibt es entsprechende Arbeitsaufgaben, die in eine Interpretation der Gesamtszene einmünden sollen.

1 Lesen Sie den Text und die Randnotizen gründlich durch. Arbeiten Sie die Sinnabschnitte 4 und 5 auf ähnliche Weise durch!

Inhalt		Sprachhalt / sprachl. Mittel
	(Szene: in Sittahs Harem.) *Sittah und Recha in Unterhaltung begriffen.*	
(I) Annäherung S. will Vertrauen schaffen → Gesprächsatmosphäre Förmliche Ehrerbietung	Sittah. Was freu ich mich nicht deiner, süßes Mädchen! – Sei so beklemmt nur nicht! so angst! so schüchtern! – Sei munter! sei gesprächiger! vertrauter! Recha. Prinzessin, … Sittah. Nicht doch! nicht Prinzessin! Nenn Mich Sittah, – deine Freundin, – deine Schwester. Nenn mich dein Mütterchen! – Ich könnte das Ja schier auch sein. – So jung! so klug! so fromm! Was du nicht alles weißt! nicht alles mußt Gelesen haben! Recha. Ich gelesen? – Sittah, Du spottest deiner kleinen albern Schwester. Ich kann kaum lesen.	7 Aufforderungen → Überschwang Herunterspielen „Verschwisterung" Klimax Abwehr → Bescheidenheit Untertreibung (?) Tadel (freundschaftlich)
(II) Bücher und Bildung Kritik der „kalten Buchgelehrsamkeit" „tote Zeichen" → Kritik der Orthodoxie versteht nicht sofort Bezug der Bildung zum Leben Lernen mit der Seele = Herzensbildung Lob der Echtheit, Authentizität ↕ Gegensatz Bücher	Sittah. Kannst kaum, Lügnerin! Recha. Ein wenig meines Vaters Hand! – Ich meinte, Du sprächst von Büchern. Sittah. Allerdings! von Büchern. Recha. Nun, Bücher wird mir wahrlich schwer zu lesen! – Sittah. Im Ernst? Recha. In ganzem Ernst. Mein Vater liebt Die kalte Buchgelehrsamkeit, die sich Mit toten Zeichen ins Gehirn nur drückt, Zu wenig. Sittah. Ei, was sagst du! – Hat indes Wohl nicht sehr unrecht! – Und so manches, was Du weißt …? Recha. Weiß ich allein aus seinem Munde Und könnte bei dem meisten dir noch sagen, Wie? wo? warum? er mich's gelehrt. Sittah. So hängt Sich freilich alles besser an. So lernt Mit eins die ganze Seele. Recha. Sicher hat Auch Sittah wenig oder nichts gelesen! Sittah. Wieso? – Ich bin nicht stolz aufs Gegenteil. – Allein wieso? Dein Grund! Sprich dreist. Dein Grund? Recha. Sie ist so schlecht und recht; so unverkünstelt; So ganz sich selbst nur ähnlich … Sittah. Nun? Recha. Das sollen Die Bücher uns nur selten lassen! sagt Mein Vater.	Geständnis ↑ Begründung Zustimmung Lob Zustimmung Vermutung ↑ Bestreitung (?) Begründung
(III) Angst um Nathan Aufregung, Bestürzung Echte Anteilnahme Sittahs (→ Sprache)	Sittah. O was ist dein Vater für Ein Mann! Recha. Nicht wahr? Sittah. Wie nah er immer doch Zum Ziele trifft! Recha. Nicht wahr? – Und diesen Vater – Sittah. Was ist dir, Liebe? Recha. Diesen Vater – Sittah. Gott! Du weinst? Recha. Und diesen Vater – Ah! es muß Heraus! Mein Herz will Luft, will Luft … *(Wirft sich, von Tränen überwältiget, zu ihren Füßen.)* Sittah. Kind, was Geschieht dir? Recha? Recha. Diesen Vater soll – Soll ich verlieren! Sittah. Du? verlieren? ihn? Wie das? – Sei ruhig! – Nimmermehr! – Steh auf! Recha. Du sollst vergebens dich zu meiner Freundin, Zu meiner Schwester nicht erboten haben! Sittah. Ich bin's ja! bin's! – Steh doch nur auf! Ich muß Sonst Hilfe rufen.	Ausruf, Lob Stichomythie, abgebrochene Sätze → Aufregung, Angst Wiederholung Unterbrechung, Wiederholung Fragen, Ausrufe, ungrammatisch → Echtheit Steigerung, Bitte Zustimmung

Recha *(die sich ermannt und aufsteht).*
Ah! verzeih! vergib! –
Mein Schmerz hat mich vergessen machen, wer
Du bist. Vor Sittah gilt kein Winseln, kein
Verzweifeln. Kalte, ruhige Vernunft
Will alles über sie allein vermögen.
Wes Sache diese bei ihr führt, der siegt!
Sittah. Nun dann?
Recha. Nein; meine Freundin, meine Schwester
Gibt das nicht zu! Gibt nimmer zu, daß mir
Ein andrer Vater aufgedrungen werde!
Sittah. Ein andrer Vater? aufgedrungen? dir?
Wer kann das? kann das auch nur wollen, Liebe?
Recha. Wer? Meine gute böse Daja kann
Das wollen, – will das können. – Ja; du kennst
Wohl diese gute böse Daja nicht?
Nun, Gott vergeb' es ihr! – belohn' es ihr!
Sie hat mir so viel Gutes, – so viel Böses
Erwiesen!
Sittah. Böses dir? – So muß sie Gutes
Doch wahrlich wenig haben.
Recha. Doch! recht viel,
Recht viel!
Sittah. Wer ist sie?
Recha. Eine Christin, die
In meiner Kindheit mich gepflegt; mich so
Gepflegt! – Du glaubst nicht! – Die mir eine Mutter
So wenig missen lassen! – Gott vergelt'
Es ihr! – Die aber mich auch so geängstet!
Mich so gequält!
Sittah. Und über was? warum?
Wie?
Recha.
Ach! die arme Frau – ich sag dir's ja –
Ist eine Christin; – muß aus Liebe quälen; –
Ist eine von den Schwärmerinnen, die
Den allgemeinen, einzig wahren Weg
Nach Gott zu wissen wähnen!
Sittah. Nun versteh ich!
Recha. Und sich gedrungen fühlen, einen jeden,
Der dieses Wegs verfehlt, darauf zu lenken. –
Kaum können sie auch anders. Denn ist's wahr,
Daß dieser Weg allein nur richtig führt:
Wie sollen sie gelassen ihre Freunde
Auf einem andern wandeln sehn, – der ins
Verderben stürzt, ins ewige Verderben?
Es müßte möglich sein, denselben Menschen
Zur selben Zeit zu lieben und zu hassen. –
Auch ist's das nicht, was endlich laute Klagen
Mich über sie zu führen zwingt. Ihr Seufzen,
Ihr Warnen, ihr Gebet, ihr Drohen hätt'
Ich gern noch länger ausgehalten; gern!
Es brachte mich doch immer auf Gedanken,
Die gut und nützlich. Und wem schmeichelt's doch
Im Grunde nicht, sich gar so wert und teuer,
Von wem's auch sei, gehalten fühlen, daß
Er den Gedanken nicht ertragen kann,
Er müss' einmal auf ewig uns entbehren!
Sittah. Sehr wahr!
Recha. Allein – allein – das geht zu weit!
Dem kann ich nichts entgegensetzen; nicht
Geduld, nicht Überlegung; nichts!
Sittah. Was? wem?
Recha. Was sie mir eben itzt entdeckt will haben.
Sittah. Entdeckt? und eben itzt?
Recha. Nur eben itzt!
Wir nahten, auf dem Weg hierher, uns einem
Verfallnen Christentempel. Plötzlich stand
Sie still; schien mit sich selbst zu kämpfen; blickte
Mit nassen Augen bald gen Himmel, bald
Auf mich. Komm, sprach sie endlich, laß uns hier
Durch diesen Tempel in die Richte gehn!
Sie geht; ich folg ihr, und mein Auge schweift
Mit Graus die wankenden Ruinen durch.
Nun steht sie wieder; und ich sehe mich
An den versunknen Stufen eines morschen
Altars mit ihr. Wie ward mir? als sie da
Mit heißen Tränen, mit gerungnen Händen
Zu meinen Füßen stürzte ...
Sittah. Gutes Kind!
Recha. Und bei der Göttlichen, die da wohl sonst
So manch Gebet erhört, so manches Wunder
Verrichtet habe, mich beschwor; – mit Blicken
Des wahren Mitleids mich beschwor, mich meiner
Doch zu erbarmen! – Wenigstens, ihr zu
Vergeben, wenn sie mir entdecken müsse,
Was ihre Kirch' auf mich für Anspruch habe.
Sittah. (Unglückliche! – Es ahnte mir!)
Recha. Ich sei
Aus christlichem Geblüte; sei getauft;
Sei Nathans Tochter nicht; er nicht mein Vater! –
Gott! Gott! Er nicht mein Vater! – Sittah! Sittah!
Sieh mich aufs neu' zu deinen Füßen ...
Sittah. Recha!
Nicht doch! steh auf! – Mein Bruder kömmt! steh auf!

Tipp

Ein häufig gemachter Fehler beim Durcharbeiten ist das bloße Zusammenfassen und die Wiedergabe des Dialogs. Entscheidend ist es aber, Entwicklungen im Inhalt und bei den Figuren zu beschreiben.

Inhaltsangabe von Stück und Szene

Ähnlich wie für erzählende Texte gilt: Am Anfang der Interpretation steht die Inhaltsangabe.
Generell gelten die **Kriterien:**

- Nennung von Textart, Titel, Autor, ggf. Entstehungs- oder Erscheinungsjahr und Thema (Einleitung)
- kurze Zusammenfassung der wichtigsten Handlungselemente
- nüchterne, sachliche Sprache, keine Bewertung
- keine Zitate, keine wörtliche Rede
- Tempus: Präsens

Beachten Sie Sofern es sich bei der Arbeitsaufgabe um die Interpretation einer Szene handelt, ist die Inhaltsangabe des gesamten Stücks so kurz wie möglich zu halten. Sie soll es vor allem ermöglichen, die Einzelszene in den Zusammenhang des gesamten Stücks einzuordnen. Meistens erhält man Szenen aus Werken, die zuvor im Unterricht behandelt wurden, zur Analyse. Wenn die Gesamthandlung als bekannt vorausgesetzt wird, müssen Sie kurz darauf eingehen. Auch eine knappe Einordnung in den literaturgeschichtlichen Zusammenhang ist hier sinnvoll.

2 **Verbinden Sie die folgenden Angaben zu einem kurzen Text (ca. vier Sätze), der in die Handlung des Stücks einführt.**

„Nathan der Weise“, G. E. Lessing, Drama, 1779, zentrales Stück der Aufklärung, Thema: religiöse Toleranz, Jerusalem zur Zeit der Kreuzzüge, Geschichte des reichen Juden Nathan, dessen Tochter Recha verliebt sich in einen Kreuzritter, Nathan soll Frage nach wahrer Religion beantworten, Recha in Wirklichkeit nur angenommene Tochter, Recha kann Kreuzritter nicht heiraten, da die beiden Geschwister sind, Ende mit symbolischer Verbrüderung der Religionen Judentum, Christentum und Islam

3 Sie finden im Folgenden Stichworte für eine Inhaltsangabe des ersten Auftritts im ersten Akt von G. E. Lessings „Nathan der Weise“. Die Reihenfolge entspricht der Handlung. Verbinden Sie die einzelnen Stichworte zu einer zusammenhängenden Inhaltsangabe der Szene.

Nathan: reicher jüdischer Kaufmann – Rückkehr von Geschäftsreise nach Jerusalem – Empfang durch Daja, die Gesellschafterin seiner (Zieh-)tochter Recha – Nachricht, das Haus sei abgebrannt – große Verluste – Angst, Befürchtungen – Beruhigung erst, als klar ist, dass Recha gerettet wurde – Rettung durch einen erst kurz zuvor von Sultan Saladin begnadigten Tempelherrn (Kreuzritter) – Retter nach der Rettung, ohne Dank anzunehmen, verschwunden

Die Stellung einer Szene im Drama

Zusätzlich ist bei der Inhaltsangabe einer Szene auf ihre **Stellung im gesamten Drama** einzugehen:

- Befindet sich die Szene am Anfang, in der Mitte oder am Ende des Stücks?
- Sofern bekannt: Was geht der Szene unmittelbar voran, was folgt ihr?

Beachten Sie Auch hier ist **äußerste Knappheit** wichtig. Verwenden Sie nicht mehr als einen Satz für die vorangehende und die folgende Szene! Es soll nur zeigen, dass Sie im Zusammenhang des Stücks Bescheid wissen.

Beispiel

Die Szene V/6 spielt gegen Ende der Handlung, als Recha schon klar ist, dass Nathan nicht ihr leiblicher Vater ist. Es zeigt sich aber, dass sie sich um ihn sorgt wie um einen wirklichen Vater. In der vorhergehenden Szene findet die Verständigung und Versöhnung von Nathan und dem Tempelherrn statt. Die auf V/6 folgende Szene ist die Schluss-Szene des Stücks mit der Aufdeckung der verwandtschaftlichen Verhältnisse.

Die Figuren und ihre Konstellation klären

Dabei sollen Sie so weit auf die Personen eingehen, wie es nötig ist, um ihr Handeln in der Szene zu verstehen.

Die Personenkonstellation/Figurenkonstellation (vgl. S. 98) der vorliegenden Szene ist zu klären. Die auftretenden Personen in der Szene sind Nathans Ziehtochter Recha und Sittah, die Schwester des Sultans.

Recha → Anliegen? → **Sittah**
Recha ← Anliegen? ← **Sittah**

Personenkonstellation „Nathan der Weise" V/6

Ziehtochter Nathans, fürchtet Trennung von Nathan durch religiösen Eifer der fanatischen Christin Daja, eher geringer sozialer Rang, unter Nathans Einfluss aufgewachsen	Schwester des muslimischen Herrschers über Jerusalem, ihm geistig überlegen, Frau in hoher sozialer Stellung („Prinzessin"), gebildet, liebt geistige Auseinandersetzung

4 **Verarbeiten Sie die in der Skizze enthaltenen Informationen zu einem kurzen Text über die Gesprächspartnerinnen.**

5 **Welche der folgenden Angaben treffen zu? Formulieren Sie Rechas und Sittahs Erwartungen, ihre Gesprächsziele in je ein bis zwei Sätzen.**

Was möchte Recha bei Sittah erreichen?	Warum hat Sittah Recha zu sich bestellt?
▷ Bekehrung Sittahs zum Judentum als der einzig wahren Religion ▷ Gefangennahme Dajas ▷ Einflussnahme bei Saladin, damit Recha bei Nathan bleiben darf	▷ Sie will sie überraschen und gefangen nehmen lassen, um sie einer christlichen Familie zuzuführen. ▷ Sie möchte eine Partie Schach mit ihr spielen. ▷ Als Frau, die selbst gebildet ist, möchte sie die (vermeintliche) Tochter des gebildeten Nathan kennenlernen.

Das Thema der Szene bestimmen

Mit dem Thema der Szene wird eine Art **„Leitmotiv"** für die Interpretation bestimmt. Zum Abschluss der Interpretation sollte/n das Thema/die Themen in eine Beziehung zur Aussage des ganzen Stücks gesetzt werden.

6 Wählen Sie aus den folgenden Vorschlägen für die thematischen Schwerpunkte der Szene drei aus.

a) Aufklärung von Rechas Herkunft
b) Konflikt der Religionen
c) Kritik des Monotheismus und der Mission
d) Rechas Liebe zum Tempelherrn (Kreuzritter)
e) Kritik bloßer Buchgelehrsamkeit, bloßer Theorie

Geben sie grob an, auf welche Abschnitte im Text sich welche Themenangabe bezieht.

Aufbau (Gliederung) der Szene

Mit der Gliederung machen Sie für sich den Text übersichtlicher und können gezielter den Gesprächshöhepunkt und zentrale Aussagen in den Blick nehmen.

Um Ihnen die Arbeit etwas leichter zu machen, wurde der Text bereits gegliedert. Für die ersten drei Abschnitte sind auch die Überschriften bereits vorgegeben.

1. Teil Z. 3519 - 3529 : Annäherung der beiden Frauen
2. Teil Z. 3530 - 3548 : Buchgelehrsamkeit gegen Echtheit
3. Teil Z. 3549 - 3561 : Angst Rechas um Nathan
4. Teil Z. 3562 - 3609 :
5. Teil Z. 3610 - 3638 :

7 **Lesen Sie die letzten beiden Abschnitte gründlich und versuchen Sie, jeweils eine passende Überschrift zu finden. Wo befinden sich Höhepunkte des Gesprächs?**

Dialoganalyse

Herzstück der Interpretation einer Dramenszene ist in der Regel die Analyse der **Kommunikationsstruktur.** Dies sind hilfreiche **Leitfragen:**

- Wer spricht miteinander? In welchem Verhältnis stehen die Sprechenden zueinander?
- Welche Erwartungen haben sie an das Gespräch?
- Wie sind die Voraussetzungen des Gesprächs? Verfügen die Partner über denselben Verstehenshorizont? (Informationen, geistige Fähigkeiten)
- Um was für eine Art von Gespräch handelt es sich? (Streitgespräch, beiläufige Unterhaltung, Beziehungsgespräch, Ermittlung, Verhör etc.)
- Worum geht es in dem Gespräch? (Thema, Inhalt)
- Haben die Gesprächspartner ein bestimmtes Ziel? Wenn ja, wie versuchen sie es zu erreichen? Welche Sprecherstrategie verfolgen sie?
- Wie sind die Gesprächsanteile verteilt – in etwa gleichmäßig (symmetrisch) oder ungleichgewichtig (asymmetrisch)?
- Was für eine Sprache verwenden die Gesprächsteilnehmer? (Sprachschicht/ vgl. S. 34 f., rhetorische Mittel, sprachliche Auffälligkeiten)
- Handelt es sich um eher offene oder verdeckte Kommunikation? (Aufrichtigkeit/ Unaufrichtigkeit) In welchem Zusammenhang steht das zum Ziel, das der Sprecher verfolgt?
- Wie wirken sich äußere Einflüsse auf das Gespräch aus?
- Zu welchem Ergebnis führt das Gespräch? Haben die Sprecher ihre Ziele im Gespräch erreicht?
- Ist das Gespräch insgesamt als gelungen zu bezeichnen?

Gehen Sie nun die einzelnen Teile der Szene V/6 durch, bestimmen Sie die **Absichten** der Gesprächspartner und ihr **Sprechverhalten** (Sprechakte). Ziehen Sie jeweils eine kurze **Schlussfolgerung,** indem Sie das Ergebnis des jeweiligen Abschnitts festhalten. Bestimmen Sie dabei auch die Rolle des Teils im gesamten Dialog.

Teil 1: Recha wurde, wie es der Hierarchie entspricht, zu Sittah bestellt. Dennoch tut Sittah alles, um ein vertrauensvolles Gesprächsklima zu schaffen. Sie fordert Recha wiederholt auf, Vertrauen zu haben und nicht ängstlich zu sein (Z. 3519 – 3521), sie setzt sich mit ihr auf eine Stufe, indem sie die formale Anrede „Prinzessin“ ablehnt und sich als „Freundin“, „Schwester“, „Mütterchen“ bezeichnet (3523 f.). Schließlich erweist sie Recha sogar ihre Ehrerbietung mit der Klimax „So jung! so klug! so fromm!“ (3525) und verweist auf Rechas Bildung (Lesen). Damit stellt sie die Rangordnung praktisch auf den Kopf.

Recha reagiert verwirrt, gibt sich bescheiden und untertreibt (3528: „Ich kann kaum lesen.“). Diese Bescheidenheit entspricht ihrer Rolle. Aber selbst Sittahs Zurechtweisung „Lügnerin!“ (3529) wirkt freundschaftlich, nicht vorwurfsvoll.
(Schlussfolgerung:) Indem Sittah alles tut, um die eigentliche Rangordnung zwischen beiden auszublenden, stellt sie eine vertrauensvolle Gesprächsatmosphäre her und zeigt, dass sie ein echtes Anliegen hat, Recha kennenzulernen.

Teil 2: Recha gesteht, dass ihr das Lesen von Büchern schwerfällt, gibt aber einen interessanten Grund dafür an: Ihr Vater Nathan liebe ebenfalls nicht „die kalte Buchgelehrsamkeit, die sich mit toten Zeichen ins Gehirn nur drückt“ (3532 f.). Was Recha hingegen durch Nathan wisse, das habe sie behalten, weil Nathan immer gesagt habe, aus welchem Anlass und zu welchem Zweck er es sie gelehrt habe. Dem kann Sittah nur voll zustimmen. Lernen sei nur sinnvoll, wenn „die ganze Seele“ lerne (3542).
Recha wiederum bewundert an Sittah, dass sie so ungekünstelt, so authentisch ist.
(Schlussfolgerung:) Über das Lesen tasten sich die beiden Frauen an die Vorstellung von Bildung heran. Dabei kommt immer stärker Nathan ins Spiel. Das bloße Lernen aus Büchern sei so gut wie nutzlos, darin sind sich die Frauen mit Nathan einig. Lernen müsse im wirklichen Leben angesiedelt sein. Damit wird direkte Kritik an Buchstabenglauben und Orthodoxie geäußert. (Da Nathan ein Muster des aufgeklärten Menschen ist, gilt das auch für die Aufklärung: Ohne Bezug zum Leben ist sie gegenstandslos.)
Sittah zeigt sich, entgegen der Vermutung Rechas, als durchaus gebildet, worauf sie auch stolz ist. Sie entspricht nicht dem Klischeebild der Frau. Nathan wird zunehmend Gegenstand der Bewunderung.

Teil 3: Mit zwei Ausrufen, die von Recha nur knapp bestätigt werden, gibt Sittah ihrer Bewunderung für Nathan Ausdruck. Jetzt sieht Recha die Gelegenheit gekommen, ihr Anliegen vorzubringen: Dreimal setzt sie an: „Und diesen Vater – “, „Diesen Vater – “ „Und diesen Vater – “ (3351 ff.), wird dabei aber immer wieder von Sittah unterbrochen. Die abgebrochenen, ungrammatischen Sätze zeigen die Aufregung beider Frauen und besonders bei Recha die Angst, bis sie endlich auf den Punkt kommt: „Diesen Vater soll – soll ich verlieren!“ (3557). Sittah reagiert mit drei Ein-Wort-Fragen „Du? verlieren? ihn?“ (3558). Das zeigt, dass sie von den Plänen, Nathan das Kind zu entziehen, nichts weiß. Sie zeigt Teilnahme und verspricht Hilfe (3560), hat aber Angst, dass ihr die Situation mit der vollkommen aufgelösten Recha entgleitet.
(Schlussfolgerung:) Schrittweise (wenn auch vielleicht nicht so geplant) hat sich Recha zu ihrem persönlichen Anliegen vorgetastet. Dennoch ist sie aufgeregt, da sie nicht einschätzen kann, wie Sittah reagieren wird. Diese zeigt sich von der Situation vollkommen überrascht. Daran wird deutlich, dass sie ohne taktische Hintergedanken mit Recha spricht.

8 **Unterstreichen Sie in den Beschreibungen die redeeinleitenden Verben (vgl. S. 102) und andere Verben des sprachlichen Ausdrucks.**

9 **Beschreiben Sie in ähnlicher Weise die Teile 4 und 5.**

Die Analyse der sprachlichen Mittel

Wenn Sie beim Durchgang durch die einzelnen Teile bereits detailliert auf sprachliche Mittel eingegangen sind, ist ein gesonderter Abschnitt dazu nicht mehr nötig. Wenn nicht, sollten Sie kurz zusammenfassen, wer welche sprachlichen Mittel verwendet und was er damit zum Ausdruck bringt. (Vgl. die Hinweise zur Sprachanalyse S. 34 ff.) Denken Sie daran, wo immer es geht, **die sprachlichen Mittel mit der beabsichtigten Wirkung** zu **verbinden.**

10 **Finden Sie für die folgenden sprachlichen Mittel und rhetorischen Figuren Beispiele im Text, benennen Sie die Wirkung und formulieren Sie dazu einen Absatz für die Interpretation:**

- Häufung von Frage- und Ausrufesätzen
- Steigerungen
- Klimax
- unvollständige Sätze
- rhetorische Fragen
- Wortspiel, Chiasmus

Die Einschätzung der Gesprächssituation

Sie haben während der Analyse feststellen können, ob es sich um ein aufrichtiges, offenes oder ein taktisches, verdecktes Gesprächsverhalten der Dialogpartner handelt. Am besten erkennt man das an der Art und Weise, wie sie aufeinander eingehen. Bevor Sie eine abschließende Würdigung des gesamten Gesprächs vornehmen, geben Sie vorbereitend eine Einschätzung der Gesprächssituation.

11 **Beurteilen Sie die folgenden Sätze und geben Sie jeweils eine Begründung, die sich auf den Text bezieht („Ich stimme dem zu/nicht zu, weil ...“).**

a) Das Gespräch ist von den taktischen Interessen Rechas bestimmt. Sie benutzt Sittah, um bei Nathan bleiben zu können.

b) Im Gespräch zeigt sich die unterschiedliche Herkunft und Stellung der beiden, da sie völlig aneinander vorbeireden und sich nicht verstehen.

c) Es handelt sich um ein offenes Gespräch, das beide Frauen auf einer Ebene zeigt.
d) Sittah bewundert zwar Nathan und mag Recha eigentlich, ist aber ihrerseits voller religiöser Vorurteile und kann ihr daher nicht helfen.

Die Beurteilung der Szene

Jetzt sollte es nicht mehr schwer sein, die **Gesprächsergebnisse** zu benennen und zu einer abschließenden Würdigung zu gelangen. Überlegen Sie, ob und warum es sich um eine für das Stück weniger wichtige, wichtige oder eine Schlüsselszene handelt.

Tipp Es wird kaum vorkommen, dass Sie eine weniger wichtige Szene zur Interpretation vorgelegt bekommen.

Setzen Sie das Gesprächsergebnis auch in einen Zusammenhang zur **Gesamtaussage** des Stücks.

12 **Die Gesamtaussage des Stücks ist der Aufruf zu religiöser Toleranz und eine Absage an jede Form der Orthodoxie. (Lessing verfasste das Stück als Reaktion auf ein Publikationsverbot in einem religionsphilosophischen Streit mit dem Hamburger Pastor Goeze.) Zeigen Sie auf, wie das Gespräch zwischen Sittah und Recha zu dieser Aussage passt.**

13 **Nehmen Sie eine abschließende Bewertung des Gesprächs vor.**

4.6 Der Aufbau einer Drameninterpretation – ein Muster

Überschrift

1. **Einleitung:** Textart, Titel, Autor, ggf. Entstehungs- oder Erscheinungsjahr, Übersicht über Thema und Handlung
2. **Szenenanalyse**
   2.1 Thema der Szene
   2.2 Einordnung der Szene in das Drama
   2.3 Kurzcharakteristik der Hauptfiguren und Beschreibung der Figurenkonstellation
   2.4 Inhalt und Aufbau (Gliederung) der Szene
   2.5 Dialoganalyse
      ▷ Voraussetzungen der Gesprächspartner
      ▷ Erwartungshorizont/Absicht

- ▷ Sprecheranteile
- ▷ Sprecherstrategien
- ▷ Analyse der sprachlichen Mittel
- ▷ Bewertung des Gesprächs

3. **Beurteilung der Szene im Dramenkontext**
   3.1 Inwieweit geht die Szene aus dem Vorangehenden hervor?
   3.2 Welche Folgen ergeben sich aus der Szene für den weiteren Verlauf des Dramas?
   3.3 Hat die Szene eine Schlüsselfunktion? Was ist an ihr wichtig?

4. **Schluss:** abrundende Darstellung der Ergebnisse, Bezug zur Aussage des Stücks, Bezug zur außerliterarischen Wirklichkeit

4.7 Analyse einer Dramenszene – ein Beispiel

Goethe verfasste sein Drama „Götz von Berlichingen mit der eisernen Hand“ auf der Grundlage der Lebensbeschreibung des Reichsritters Gottfried von Berlichingen 1771 bis 1773.
Götz ist ein freier, nur dem Kaiser untertäniger Ritter. Er befindet sich während der Bauernkriege in einer Fehde mit dem machtgierigen Bischof von Bamberg. In dessen Diensten steht Götz' ehemaliger Freund Weislingen. Weislingen gerät bei einem Überfall in Götz' Gefangenschaft. Die beiden versöhnen sich wieder, und Weislingen verlobt sich sogar mit Götz' Schwester Maria.
Das Drama nimmt seinen Lauf, als Weislingen durch die schöne und intrigante Adelheid wieder auf die Seite des Bischofs gebracht wird. Adelheid und der Bischof benutzen Weislingen, um gegen Götz vorzugehen. Im Verlauf des Bauernkrieges kommt Götz zu Tode, aber auch Adelheid und Weislingen sterben.

Der folgenden Szenenanalyse liegt diese **Aufgabenstellung** zugrunde:

„Beschreiben Sie den Inhalt der 6. Szene im 2. Akt von ‚Götz von Berlichingen‘, und analysieren Sie dabei inhaltliche Struktur und Sprache. Beurteilen Sie die Bedeutung der Szene für das gesamte Stück.“

Zunächst spricht Adelheid mit einem Hoffräulein über Weislingen, wobei sie sagt, dass sie ihn nicht liebe. Das Fräulein dagegen meint, dass Weislingen sehr in Adelheid verliebt sei.

Weislingen kommt zu Adelheid, um sich zu verabschieden. Diese tut so, als wisse sie, dass sein Fortgehen unabänderlich feststehe, und täuscht Schmerz und Zorn darüber vor. Neben dem eigenen Schmerz wirft sie ihm Untreue und Eidbruch gegenüber dem Bischof vor. Auf Weislingens Versuche, Götz in Schutz zu nehmen, macht sie diesen schlecht. Als er schließlich gehen will, erhöht Adelheid ihren Druck, indem sie sich kalt und ablehnend gibt und betont, sie hasse ihn. Nachdem Weislingen gegangen ist, wird klar, dass alles nur Taktik ist: Nur indem sie sich verletzt und gekränkt stellt, kann sie ihn am Bamberger Hof halten.

Die Szene befindet sich an einem wichtigen Punkt in der Handlung. Weislingen hat sich durch seine Liebe und die von Götz besiegelte Verlobung wieder auf die Seite seines alten Freundes geschlagen; Götz hätte also einen wichtigen neuen Verbündeten. Zugleich zeigt bereits die vorangegangene Szene, dass Weislingen in seinem Entschluss, den Bamberger Hof zu verlassen, schwankend ist. Sowohl das Hofleben als auch die Anziehungskraft Adelheids sind anscheinend noch recht stark.
Die Szene lässt sich in drei Teile untergliedern: eine kurze Einleitung, den sich steigernden Dialog Adelheid – Weislingen und einen kurzen Schluss.
In der Einleitung unterhält sich Adelheid mit einem Fräulein vom Hofe und sagt dabei klar ihre Meinung, nämlich, dass sie Weislingen nicht liebt und ihn auch nicht zum Mann haben möchte, zugleich aber will, dass er bleibt. Gründe dafür nennt sie nicht, aber es geht ihr vermutlich um persönliche Macht und Einfluss beim Bischof, für den Weislingen wichtig ist.
Als im zweiten Teil der Szene Weislingen eintritt, übernimmt sie sofort die Gesprächsführung. Auf seine besorgte Nachfrage nach ihrem Befinden reagiert sie kalt und gleichgültig. Sein Mitgefühl ist ihr anscheinend egal („Das kann Euch einerlei sein."). Ihre Antworten sind knapp und bestimmt und enthalten indirekt geäußerte Vorwürfe. Wenn sie Weislingen fragt, ob er ein Chamäleon sei, wirft sie ihm Täuschung vor. Ihre Bemerkung, in seinem Herzen würden ihr „(s) chöne Sachen ... vor die Augen kommen", ist ironisch gemeint: Wo Weislingen auf seine Gewissensnöte und seine Liebe zu Adelheid anspielt, unterstellt sie ihm nur Schlechtes. Seinen Hinweis, er müsse gehen, kontert sie mit einem leidenschaftlichen Appell an seine Ehre. Dabei greift sie ihn direkt an („Ihr verstellt Euch!"), macht Götz bei ihm schlecht („dass er ... in die Strafe der Acht verfällt"), unterstellt ihm Taktik und Feindschaft und geht im entscheidenden Moment zu der vertraulichen Anrede „du" über: „du, Weislingen, mit deiner sanften Seele". Sie wendet also ganz verschiedene Taktiken an, um ihn von Götz loszureißen.
Weislingens Versuche im dritten Teil der Szene, Götz in Schutz zu nehmen, wehrt Adelheid mit einem Appell an seinen Ehrgeiz ab: „... du wirst ein Sklave eines Edelmannes werden, da du Herr von Fürsten sein könntest", und sie redet ihm ein, nur für seine Freiheit zu kämpfen. Im letzten Teil des Dialoges übt sie noch einmal starken Druck auf Weislingen aus, indem sie sich kühl und plötzlich krank gibt, sodass ihm nichts anderes übrig bleibt, als schlechten Gewissens zu gehen.
Im kurzen Schluss der Szene, anscheinend wieder mit dem Fräulein allein, bringt Adelheid nochmals ihre wirkliche Absicht zum Ausdruck: „Wenn er noch zu gewinnen ist, so ist's auf diesem Wege."

Adelheid gegenüber nimmt Weislingen eindeutig den unterlegenen Part ein. Das hängt einerseits mit seiner Unsicherheit schon vor dem Gespräch zusammen, andererseits mit der überlegenen Art, mit der sie ihm begegnet. Der Zuschauer wird schon zuvor durch das Fräulein informiert: „Ihr habt sein Herz geangelt, und wenn er sich losreißen will, verblutet er."

Nachdem er eingetreten ist, kommt er überhaupt nicht dazu, sein eigentliches Anliegen, seinen Abschied, vorzubringen. Die kurzen Antworten im ersten Teil zeigen, dass Weislingen verteidigend reagiert: „Ihr verkennt mich.", „Das Ansehn trügt.", „Wenn Ihr mein Herz sehen könntet!", „Ich bin so geplagt mit dem, was ich bin, dass mir wenig bang ist, für was man mich nehmen mag." An keiner Stelle geht Weislingen auf den eigentlichen Anlass seines Abschiedsbesuches ein, die geplante Heirat mit Maria. Das könnte nur aus Höflichkeit gegenüber der anderen Frau geschehen, verrät aber auch seine eigene Unsicherheit. So sucht er einen Vorwand: „Zöge mich nicht die Ritterpflicht, der heilige Handschlag –" Damit gibt er Adelheid Gelegenheit zum Angreifen, die sie nutzt. Besonders deutlich wird das am Schluss. Weislingen erscheint als der Bittende, Adelheid als die kühl Ablehnende.

Weislingens Unsicherheit spiegelt sich auch in seiner Sprache wider: Er spricht teilweise in unabgeschlossenen Sätzen: „Ihr erinnert mich! Ich bedachte nicht – Ich bin beschwerlich, gnädige Frau.", „Zöge mich nicht die Ritterpflicht, der heilige Handschlag –", „Wenn Ihr mich kenntet –". Adelheids Sprache zeigt ihre Selbstsicherheit. Viele Ausrufe verdeutlichen ihre Entschlossenheit. Vor allem mit rhetorischen Fragen treibt sie Weislingen in die Enge: „Was habt Ihr versprochen? Und wem?", „Entbinden nicht unsere Gesetze von solchen Schwüren?", „Was soll man von Euch halten?" So zeigt sich die Überlegenheit Adelheids auch in der Sprache.

Die Szene ist von großer Bedeutung für das ganze Drama, weil sie letztlich dazu führt, dass Weislingen erneut die Partei wechselt, sich endgültig zum Bamberger Hof bekennt und so zu Götz' Untergang mit beiträgt. In gewisser Weise wird schon hier sein Scheitern angedeutet, denn indem Adelheid ihre wahre Meinung klar ausdrückt, wird deutlich, dass Weislingen sein Ziel, ihre Liebe, nicht erreichen wird.

Er selbst wird als ein eher schwacher Charakter dargestellt. Im Verlauf der Szene wird diese Schwäche noch gesteigert: Kommt er immerhin noch mit dem Vorsatz zu Adelheid, sich zu verabschieden, steht am Ende der Szene fest: „Ich nehme nicht Abschied, ich sehe Euch wieder!" So hat die Szene für das ganze Drama eine mehrfache Bedeutung: Zum einen ist sie von großem Einfluss auf die Handlung, zum anderen werden die dargestellten Charaktere vertieft. Darüber hinaus zeigt sie, mit welchen Mitteln Götz' Gegner arbeiten: Lüge, Verstellung und das Ausüben von persönlichem Druck. Im Kontrast dazu steht Götz als ehrlich, frei und „gut" da.

Fachbegriffe für die Drameninterpretation

Formen des Dramas

Geschlossene und offene Form des Dramas

Die **Poetik des Aristoteles** (vgl. S. 120), die dieser ursprünglich vermutlich eher beschreibend verstanden hat, wurde im Humanismus zu einer Art Regelpoetik (normativen, vorschreibenden Poetik) erhoben. Vor allem mithilfe der drei Einheiten von Ort, Zeit und Handlung sollte Nachvollziehbarkeit für die Zuschauer erreicht werden. Das 5-Akte-Schema (bei Aristoteles noch drei Akte) sollte Übersichtlichkeit und Orientierung garantieren. **Ständeklausel** und **Fallhöhe** sollten für ein intensives Nachempfinden des Sturzes des tragischen Helden sorgen.
Je mehr sich die Autoren mit der gesellschaftlichen Wirklichkeit auseinandersetzten, desto größer wurde das Unbehagen an derlei Regeln, die als Einengung empfunden wurden. Bereits im Sturm und Drang, der die Freiheit von Regeln forderte, wurde die Regelpoetik nicht mehr befolgt. Während in der Zeit der Weimarer Klassik, als man dem antiken Ideal (so wie man es sich vorstellte) nahekommen wollte, diese poetischen Regeln noch einmal eine neue Blüte erlebten, wurden sie in nachklassischer Zeit zum Gegenstand der Auseinandersetzung, da sie an der gesellschaftlichen Realität vorbeigingen.

Geschlossenes Drama	Offenes Drama
5-Akte-Schema, Kontinuität und Folgerichtigkeit der Handlung	lose, z. T. unverbundene Szenen, die stellenweise auch allein stehen können
Exposition (Einführung)	unmittelbarer Einstieg in die Handlung (offener Anfang)
Katastrophe/Auflösung, klarer Schluss	z. T. kein klarer Schluss, offenes Ende
kein oder kaum Ortswechsel, teilweise feste Zuordnung von Personen und Orten	viele Ortswechsel
klar umrissene Zeitspanne, kontinuierliche lineare Darstellung der Zeit	unbestimmte Zeitspanne, Diskontinuität, Sprünge
Einheitlichkeit der Personen, meist aus hohem Stand, klares Gegenüber von Protagonist und Antagonist (vgl. S. 120, 122)	keine Ständeklausel, Personen aus der Unter- und Mittelschicht als Bühnenpersonal
hohe Sprachschicht	verschiedene Sprachschichten möglich, Dialekt, Vulgärsprache etc.

Die Gegenüberstellung von „geschlossenem" und „offenem" Drama geht auf den Literaturwissenschaftler V. Klotz zurück. Während das geschlossene Drama sich weitgehend an die Vorgaben der Regelpoetik hält, ist das offene Drama weitgehend frei davon.
Die Gegenüberstellung von Merkmalen des offenen und geschlossenen Dramas ist in dieser Form sicherlich etwas schematisch, dennoch bietet sie eine gute Orientierungshilfe, wenn es um das Erfassen der Eigenart eines Dramas geht.

Verschiedene Dramentypen

Absurdes Theater	Avantgardistische Dramenform der fünfziger und sechziger Jahre des 20. Jh. Es bringt die Ausweglosigkeit der menschlichen Existenz zum Ausdruck. Dazu nutzt es Mittel der Groteske und wirkt scheinbar komödiantisch. Das Kontinuum von Raum und Zeit der Handlung wird zuweilen ebenso aufgelöst wie die dialogische Struktur des Dramas. Bürgerliche Wertvorstellungen werden infrage gestellt. Bedeutende Vertreter des absurden Theaters sind E. Ionesco und S. Beckett.
Bürgerliches Trauerspiel	Dramenform im 18. und 19. Jh. Die Figuren entstammen der bürgerlichen Umwelt und Geisteshaltung. Damit steht das bürgerliche Trauerspiel im Gegensatz zur vorher üblichen heroischen oder aristokratischen Tragödie, deren Ständeklausel sie überwand. Es ist durchweg in Prosa abgefasst.
Commedia dell'Arte	Mitte des 16. Jahrhunderts in Italien entstandenes Stegreiftheater. Professionelle Schauspieler stellten auf Wanderbühnen Handlungsabläufe und Szenenfolgen dar, die, vorab grob skizziert, aus der jeweiligen Situation weiterentwickelt werden mussten. Das Ensemble der Commedia dell'Arte bestand für gewöhnlich aus sechs bis zwölf Schauspielern. Die Grundtypen der Komödie bilden: ein junges Liebespaar *(innamorati oder amorosi),* der bauernschlaue und anarchische Arlecchino (Harlekin), der gierige Diener, der leichtgläubige Händlertypus Pantalone, dessen Freund, der Dottore (Doktor) als Parodie auf den Wissenschaftler, der prahlerische Capitano (Kapitän), die grausame Pulcinella, die Dienerin Columbina, die durch Witz und Menschlichkeit gekennzeichnet war.
Dokumentarisches Theater	Dramengattung des 20. Jh., die mithilfe dokumentarischen Materials (Akten, Protokolle, Reden, Fotos) Authentizität vermitteln will, meist aber eine politische, gesellschaftskritische Absicht verfolgt. Das dokumentarische Theater bedient sich oft der Form des Gerichtsverfahrens oder einer Untersuchung. Bekannte Vertreter des dokumentarischen Theaters sind Peter Weiss und Heiner Kipphardt.

Episches Theater	Von Bertolt Brecht entwickelte Darstellungsform des modernen Theaters. Wesentliches Mittel ist der **Verfremdungseffekt,** der den Zuschauer provozieren und es ihm ermöglichen soll, sich von dem Geschehen zu distanzieren und es dadurch genau zu betrachten. Ziel ist nicht die Katharsis, sondern die Interpretation und die Erkenntnis gesellschaftlicher Verhältnisse bzw. Miss-Stände. Gestaltungselemente des epischen Theaters sind u. a. ins Publikum (oder „beiseite-“) gesprochene Kommentare durch einen Erzähler, Lieder, Spruchbänder oder Textprojektionen. Der Schluss des Schauspiels ist offen, um dem Betrachter ein abschließendes Urteil zu überlassen.
Groteske	Darstellung der paradoxen Verschlingung der verschiedenen (unbewussten) Dimensionen menschlichen Daseins. Die Groteske wirkt komisch, hat aber stets einen tragischen Hintergrund.
Komödie/Lustspiel	Neben der Tragödie die wichtigste Gattung des europäischen Dramas. Das Komische bestimmt die Handlung in einer Kombination von Wortkomik und pantomimischen Elementen (zu gr. *komedía:* Gesang zu einem frohen Gelage). Wichtiges inhaltliches Mittel sind Verwechslungen und Verwirrungen, die am Ende aufgelöst werden. Im zeitgenössischen Theater gibt es Mischformen zwischen Tragödie und Komödie (Tragikomödie, Groteske, absurdes Theater etc.).
Schwank	Kurzes Spiel mit Stoffen und Typen; nicht so derb wie die Posse, nicht so anspruchsvoll wie die Komödie.
Tragödie/ Trauerspiel	Älteste und neben der Komödie wichtigste europäische Dramengattung (gr., zu *trágos:* Bock und *odé:* Gesang). Die Tragödie beruht auf dem tragischen Moment, d. h. einer (unlösbaren) Verstrickung des Menschen in sein Schicksal. Grundthemen der Tragödie sind die Frage nach Ich und Welt, Freiheit und Zwang, Schuld und Vergeltung. In der Moderne treten immer stärker Mischformen zwischen Tragödie und Komödie (Groteske, Tragikomödie, absurdes Theater etc.) in den Vordergrund.
Volksstück	Dramenform seit der zweiten Hälfte des 19. Jh. Im bäuerlichen, kleinbürgerlichen oder proletarischen Milieu angesiedelt, zielt das Volkstheater vordergründig auf Unterhaltung. Stoffe sind elementare, auch tragische Konflikte, die mitunter sentimental interpretiert werden. Dabei werden oft Elemente des Dialekts, Musik, Gesang und Tanz verwendet. Das Volkstheater wird in der zeitgenössischen gesellschaftskritischen Dramatik von B. Brecht, R. W. Fassbinder, F. X. Kroetz und Dario Fo verwendet.

Fachbegriffe

Akt/Aufzug	In sich geschlossener Teil eines Dramas, der seinerseits aus verschiedenen Szenen oder Auftritten besteht (von lt. *actus:* Handlung). Bei Inszenierungen wird seit dem 18. Jh. zwischen den Akten der sog. Aktvorhang betätigt. Daher wird auch von **Aufzug** gesprochen. Eine besondere Form des Dramas ist der **Einakter.**
Antagonist	Hauptfigur im Drama, Gegenspieler des Helden (Protagonisten, vgl. S. 122), von dem er sich durch gegensätzliche Charaktereigenschaften oder Interessen unterscheidet und dessen Untergang er in der Tragödie herbeiführt.
Aristotelische Poetik, Poetik des Aristoteles (384 - 322 v. Chr.)	Auf den griechischen Philosophen Aristoteles zurückgehende Dramentheorie. Von diesem eher beschreibend (deskriptiv) verstanden, wurde sie von Gelehrten im Humanismus zu einer Regelpoetik (normativ) umgedeutet. Die Theorie fordert: 1. Einheit von Zeit (in der Regel ein Tag), Ort (kein oder wenige Ortswechsel) und Handlung (keine Sprünge oder Nebenhandlungen) 2. 5-Akte-Schema (Exposition, erregendes Moment, Klimax/Peripetie, retardierendes Moment, Katastrophe, zu den Begriffen vgl. unten) 3. Schicklichkeit: keine hässlichen Vorgänge auf der Bühne 4. Ständeklausel, der zufolge nur Personen hohen Standes auf der Bühne dargestellt werden dürfen 5. Wahrscheinlichkeit (Ausschluss des Phantastischen und Traumhaften) Seit dem 18. Jh. fand, besonders angesichts der Auseinandersetzung mit der gesellschaftlichen Realität, eine Auseinandersetzung und zunehmende Überwindung dieser Regelpoetik statt.
Botenbericht	Dramaturgische Technik der Rückblende. Eine Figur, im antiken Drama ein Bote, berichtet von zurückliegenden Ereignissen, die nicht auf der Bühne dargestellt werden können und müssen.
Chor	Im antiken Drama war der Chor (gr. *choros:* Tanzplatz) eine Gruppe von Sängern und Tänzern, die ins Geschehen eingriffen oder es kommentierten. Im neuzeitlichen Drama kommt ein Chor nur noch selten zum Einsatz, im modernen Drama, etwa bei Brecht, übernimmt mitunter ein Sprecher die Rolle des Chors.
Dialog	Rede und Gegenrede zwischen zwei oder mehreren Personen (gr. *dialogos:* Unterhaltung, Zwiegespräch). Im Drama ist der Dialog ein konstituierendes Moment zur Entwicklung der Handlung und zur Charakterisierung von Figuren.

Epilog	Im Drama das Schlusswort eines Schauspielers an das Publikum (von gr. *epilogos:* Nachrede). Der Epilog hat verschiedene Funktionen: abschließende Zusammenfassung der Fabel des Spiels, religiös-moralische Ermahnung oder didaktisch-belehrende Erbauung. In der zeitgenössischen Dramatik bringt der Epilog oft eine Distanz zum Dargestellten zum Ausdruck, z. B. als Teil des epischen Theaters bei Brecht (vgl. S. 119).
Erregendes Moment	2. Akt im 5-Akte-Schema des geschlossenen Dramas. Entwicklung des Konflikts, oft durch ein wichtiges Ereignis oder eine Entscheidung des tragischen Helden.
Exposition	1. Akt im 5-Akte-Schema des geschlossenen Dramas. Informationen zu Zeit, Ort, Hintergründen der Handlung und wichtigsten Figuren.
Fallhöhe	Dramaturgische Regel entsprechend der Ständeklausel (vgl. S. 117). Der Sturz des tragischen Helden ist umso wirkungsvoller, je höher seine gesellschaftliche Stellung ist. Mit dem bürgerlichen Trauerspiel (vgl. S. 118) wurden Ständeklausel und Fallhöhe überwunden.
Figuren-konstellation	Gruppierung von Figuren in einem Drama oder in einer Szene, näher bestimmt durch äußere (Verwandtschaft, Dienstverhältnisse etc.) und innere (Konflikte, Zuneigung etc.) Beziehungen.
Katastrophe	5. Akt im 5-Akte-Schema der Tragödie (vgl. S. 120). Lösung des Konflikts mit dem Tod des tragischen Helden.
Monolog	Bezeichnung für die Rede **einer** Person (von gr. *monos:* allein; *logos:* Rede). Diese ist entweder allein oder registriert andere Anwesende nicht. Der Monolog kann verschiedene Funktionen haben: Exposition, Überbrückung zwischen verschiedenen Handlungsteilen, Mitteilung von auf der Bühne schwer darstellbaren Ereignissen (vgl. Botenbericht, vgl. Teichoskopie). Die Hauptfunktion liegt vor allem darin, Reflexionen, Affekte, innere Zwiespälte und Entscheidungsprozesse darzustellen. In Stücken der Moderne kann der Monolog auch Ausdruck der Leere und der Isoliertheit der Figuren sein.
Nebentext	Regieanweisungen und Anmerkungen zur Einrichtung der Bühne, zu Requisiten, Kostümen etc.
Peripetie	Im antiken Drama plötzlicher Glücksumschwung, durch den dem Helden die Möglichkeit zu freiem Agieren genommen wird (gr.: Wendung). Die Handlung treibt so auf die Katastrophe zu.

Prolog	Begrüßungs-, Einleitungs- oder Einführungsworte eines oder mehrerer Schauspieler an das Publikum eines Dramas, in dem oft das Thema des Stücks angesprochen wird (von gr. *prologos:* Vorrede).
Protagonist	Hauptdarsteller im griechischen Theater, erster Schauspieler.
Requisiten	Einrichtungsgegenstände für das Bühnenbild.
Retardierendes Moment	4. Akt im 5-Akte-Schema. „Anhalten" der Handlung, Ablenkung durch scheinbare Entspannung oder Nebenhandlungen.
Stichomythie	schlagabtauschähnlicher Dialog, bei dem jeder der Partner abwechselnd eine Zeile (auch eine halbe Zeile oder einen Doppelvers) spricht.
Szene/Auftritt	Teil des Akts, kleinste Einheit im Aufbau eines Dramas, durch Auf- oder Abtreten der Schauspieler oder den Wechsel der Spielorte kenntlich gemacht.
Teichoskopie	Handlungsbericht im Drama (gr. *teichoskopeia:* Mauerschau). Ein Beobachter, der sich auf einem erhöhten Standpunkt befindet, übermittelt Geschehnisse, welche sich zeitgleich außerhalb der Bühne ereignen. Dadurch können Vorgänge in das Drama einbezogen werden, die sich auf der Bühne nicht oder nur schwer darstellen lassen, wie etwa Schlachten und Seegefechte.

Test

Friedrich Schiller: Maria Stuart

ERSTER AUFZUG – ERSTER AUFTRITT

Szene. Im Schloß zu Fotheringhay. Ein Zimmer.

HANNA KENNEDY, Amme der Königin von Schottland, in heftigem Streit mit PAULET; der im Begriff ist, einen Schrank zu öffnen. DRUGEON DRURY, sein Gehilfe, mit Brecheisen.

KENNEDY. Was macht Ihr, Sir? Welch neue Dreistigkeit!
Zurück von diesem Schrank!

PAULET. Wo kam der Schmuck her?
Vom obern Stock ward er herabgeworfen;
Der Gärtner hat bestochen werden sollen
Mit diesem Schmuck. – Fluch über Weiberlist!
Trotz meiner Aufsicht, meinem scharfen Suchen
Noch Kostbarkeiten, noch geheime Schätze!
Sich über den Schrank hermachend.
Wo das gesteckt hat, liegt noch mehr!

KENNEDY. Zurück, Verwegner!
Hier liegen die Geheimnisse der Lady.

PAULET. Die eben such' ich. *Schriften hervorziehend.*

KENNEDY. Unbedeutende
Papiere, bloße Übungen der Feder,
Des Kerkers traur'ge Weile zu verkürzen.

PAULET. In müß'ger Weise schafft der böse Geist.

KENNEDY. Es sind französische Schriften.

PAULET. Desto schlimmer!
Die Sprache redet Englands Feind.

KENNEDY. Konzepte
Von Briefen an die Königin von England.

PAULET. Die überlief'r ich – Sieh! Was schimmert hier?
Er hat einen geheimen Ressort geöffnet und zieht aus einem verborgenen Fach Geschmeide hervor.
Ein königliches Stirnband, reich an Steinen,
Durchzogen mit den Lilien von Frankreich!
Er gibt es seinem Begleiter.
Verwahrt's Drury. Legt's zu dem übrigen!
Drury geht ab.

1 **Verfassen Sie eine knappe Inhaltsangabe des ersten Auftritts im ersten Aufzug von Friedrich Schillers Drama „Maria Stuart".**

2 **Welche Informationen sind den Regieanweisungen zu entnehmen?**

3 **Beschreiben Sie den Dialog.**

a) Welche Absichten haben die Sprecher?
b) Gehen die Gesprächspartner aufeinander ein?
c) Wie entwickelt sich der Dialog? Wer hat die Initiative, wer befindet sich eher in der Defensive?

4 **Ordnen Sie die folgenden Sprechakte einzelnen Stellen des Dialogs zu (Mehrfachnennungen möglich):**

ablenken – begründen – herunterspielen – sich empören – verallgemeinern – verdächtigen – verurteilen – zurückweisen.

5 **Handelt es sich um eine offene oder eine verdeckte Kommunikation zwischen den beiden Gesprächspartnern?**

6 **Als Stichomythie bezeichnet man den verbalen Schlagabtausch zweier oder mehrerer Gesprächspartner im Drama. Wo liegt im vorliegenden Abschnitt eine kurze Stichomythie vor und welche Funktion und Wirkung hat sie?**

7 **Offene und geschlossene Form des Dramas – ergänzen Sie die Merkmale.**

	geschlossene Form	offene Form
Figuren		
Sprache		
Aufbau		
Dialoge		
Zeit		
Ort		

Besser in Deutsch

Lösungsheft

Literarische Texte interpretieren

Oberstufe

Cornelsen SCRIPTOR

1 ARBEITSSCHRITTE DER INTERPRETATION

1.1 Ihre Aufgabe bestimmen

Übung 1

Genaue Textartbestimmung, Aufbau und Inhalt der Geschichte, Sprache der Geschichte, Gesamtaussage des Textes

Übung 2

a) Sie sollen die Form des Textes (Aufbau, evtl. textartspezifische Besonderheiten) und seine sprachliche Gestaltung untersuchen und in Beziehung zur Aussage des Textes setzen.
b) Sie sollen die sprachlichen Bilder und rhetorischen Mittel (Personifizierung, Vergleich etc.) des Textes untersuchen, ihren besonderen Aussagegehalt ermitteln und auf die Gesamtaussage des Textes beziehen.
c) Sie sollen das Zitat aus der Sekundärliteratur anhand des Textes prüfen, als richtig oder falsch einschätzen und eine Aktualisierung des Textes versuchen.

1.2 Das Thema des Textes erfassen

Übung 1

a) Thema, b) Aussageabsicht, c) Zusammenfassung des Inhalts

Übung 2

a) Hier wird nicht das Thema bestimmt, sondern eine Beziehung der Aussage zu einem möglichen historischen Hintergrund hergestellt. Das geschieht üblicherweise nur am Schluss im Zusammenhang mit der Gesamtaussage, bei der Themenbestimmung allenfalls am Rande. – Die Formulierung „aber nicht auf direkte Art und Weise“ ist schlecht gewählt.
b) Diese Themenbestimmung ist gelungen.
c) Der Versuch beschränkt sich auf eine knappe Skizzierung des Inhalts, eine allgemeine Bestimmung des Themas wird nicht vorgenommen.

Übung 3

Die Geschichte „Zentralbahnhof“ von Günter Kunert behandelt das Verhältnis von Einzelnem und Gesellschaft am Beispiel eines Mannes, der zu seiner eigenen Hinrichtung bestellt, dem aber von keiner Seite Hilfe zuteil wird. In ihrer Struktur weist die Geschichte Parallelen zum Schicksal der Juden im „Dritten Reich“ auf.

1.3 Die Aussageabsicht formulieren und eine Arbeitshypothese aufstellen

Übung 1

Der erste Text bezieht sich auf das Thema, der zweite Text auf die Aussageabsicht.

Übung 2

a) die Aufmerksamkeit auf menschliches Fehlverhalten lenken
b) Mitleid mit dem Protagonisten bzw. Einzelnen in der Gesellschaft bewirken
c) Appell zu solidarischem Handeln

Übung 3

a) Die Geschichte bietet keinen Anhaltspunkt dafür, dass es sich bei dem „Jemand" um einen Einzelgänger handelt, denn er hat Freunde und sucht Rat bei einem Anwalt.
b) Zwar könnte die Geschichte indirekt Kritik an der mangelnden Gegenwehr des Protagonisten üben, aber von einem Märtyrer ist nirgends die Rede.
c) Den Charakter eines Aufrufs hat die Geschichte höchstens indirekt, ein Appell zu „massenhaftem Protest" lässt sich am Text nicht belegen.

1.4 Den Text in sinnvolle Abschnitte gliedern

Übung 1

Z. 1 - 17: Die Nachricht. Einleitung: Sachverhalt; Charakterisierung der Obrigkeit/Bürokratie durch den Wortlaut des Briefes
Z. 18 - 30: Die Freunde. Hauptteil: Erster Versuch, Hilfe zu bekommen; falsche Freunde

Übung 2

Z. 31 - 45: Der Anwalt. Zweiter Versuch, Hilfe zu bekommen; Abwiegeln des Anwalts
Z. 46 - 56: Angst. Der Nachbar. Dritter Versuch, Hilfe zu bekommen; Feindseligkeit
Z. 57 - 75: Der Zentralbahnhof. Kontrast Normalität - Hinrichtung
Z. 76 - 84: Beseitigung des Getöteten. Schluss: Auflösung; wahrer und allgemein bekannter Zweck des Zentralbahnhofs

1.6 Die Stoffsammlung erstellen

Übung 1

Textinterne Faktoren:
knappe, sachliche Sprache
wirkt bürokratisch
Verhalten der anderen Personen:
Freunde schicken ihn weg → Angst?
Rechtsanwalt wiegelt ab → gemeinsame Sache mit Behörden?
Nachbar → Feindschaft
Bahnhof: ganz normale Stimmung → Metapher
der Mann wehrt sich nicht gegen seine Hinrichtung, sondern bezahlt sogar noch dafür.

Textexterne Faktoren: Kunert: DDR-Regimegegner, Ausschluss aus der SED, 1979 in Westdeutschland
wurde als „Halbjude" in NS-Deutschland diskriminiert
hat sich literarisch mit nationalsozialistischer Vergangenheit beschäftigt
kritisiert staatliche Bürokratie → welcher Staat ist gemeint?

Übung 2

- Soziologisch: Wie verhalten sich die anderen dem Einzelnen gegenüber und welche Gründe gibt es dafür?
- Biografisch: Enthält die Geschichte Parallelen zu Günter Kunerts Biografie und welche Rolle spielen sie im Text?
- Historisch: Lassen sich Beziehungen vom Text zu einem historischen Ereignis herstellen und welche Bedeutung hat dieses für die Gesamtaussage?
- Literaturgeschichtlich: Lassen sich thematisch oder in Form und Sprache Parallelen zu anderen Texten/Autoren herstellen?

Übung 3

Günter Kunert hat als „Halbjude" im nationalsozialistischen Deutschland selbst Diskriminierungen erfahren. Vielleicht weiß er aus eigener Erfahrung, wie sich Menschen Ausgegrenzten gegenüber verhalten. Dass er daraus selbst Konsequenzen gezogen hat, zeigt nicht nur seine Geschichte, sondern auch sein Eintreten für Regimegegner in der DDR. Deshalb wurde er aus der SED ausgeschlossen und siedelte schließlich in die damalige Bundesrepublik über.
Informationen über den Autor stehen stets gegen Schluss des Interpretationsaufsatzes im Anschluss an die eigentliche Textanalyse. Sie stellen nur eine Ergänzung zur ermittelten Textaussage dar.

Übung 4

Aufbau: sechs Abschnitte, Entwicklung von (scheinbarer) Selbstsicherheit zu grundlegender Verunsicherung:
1. Abs.: Selbstvorstellung, Selbstsicherheit
2. Abs.: Der Konkurrent, Abneigung von Anfang an
3. Abs.: Verunsicherung
4. Abs.: offene Abneigung
5. u. 6. Abs.: Steigerung zu existentieller Bedrohung

Erzähler: Ich-Erzähler

Inhalt:
- keine Nennung des Geschäftes, das beide ausüben;
- Grund für Rivalität?
- alles nur Vermutungen
- Selbstsicherheit nur am Anfang echt; vielleicht schon da vorgetäuscht?
- Ich-Erzähler parteiisch; versucht den anderen als schlecht darzustellen
- möglicher Grund für existentielle Erschütterung?

Sprache: klar, verständlich, nüchtern, z. T. kalt wirkend; am Ende Aufregung spürbar, wertende Wortwahl, die den Ich-Erz. z. T. selbst verrät
Mischung aus kurzen und langen Sätzen, die Gefühle wiedergeben

Autor: Kafka (1883 - 1924), viele Texte (Erzählungen, Parabeln), die die existentielle Verunsicherung des Menschen zum Thema haben. Eigene große Unsicherheit in privaten und beruflichen Dingen.

1.7 Die Gliederung Ihres Interpretationsaufsatzes anlegen

Übung 1

Textart, Autor, Thema: Kurzgeschichte, Günter Kunert, Verhältnis Einzelner - Gesellschaft
Inhaltsangabe: Hauptperson wird schriftlich zur eigenen Hinrichtung zum Zentralbahnhof bestellt, versucht vergeblich, bei Freunden und einem Anwalt Hilfe zu finden, fügt sich in sein Schicksal und wird in der Herrentoilette des Zentralbahnhofs hingerichtet
Mittelpunkt der Handlung: vergebliche Bemühungen des Protagonisten, Hilfe zu finden, und Ergebenheit dem Schicksal gegenüber:
Freunde schicken ihn weg → Angst?,
Rechtsanwalt wiegelt ab → gemeinsame Sache mit Behörden?,
Nachbar → Feindschaft?
Hauptpersonen: Protagonist „Jemand“; namentlich nicht näher genannte Freunde, ein Anwalt, die Bürokratie (Namenlosigkeit → Allgemeingültigkeit)
sprachliche Gestaltungsmittel: knappe, sachliche Sprache
Bahnhof: ganz normale Stimmung → Metapher
Einordnung des Textes in den historischen Hintergrund, Bezüge zur Biografie des Autors:
G. Kunert wurde als „Halbjude“ in NS-Deutschland diskriminiert; hat sich literarisch mit der nationalsozialistischen Vergangenheit beschäftigt;
Bezug zur außerliterarischen Wirklichkeit, kritisiert staatl. Bürokratie → welcher Staat ist gemeint?
Parallelen zur Judenverfolgung im Nationalsozialismus
Aktualität des Textes: Verhalten des Einzelnen als Zeuge von Gewalt und Unterdrückung

1.8 Die richtige Sprache wählen

Übung 1

Der Satz besteht praktisch nur aus einer Bewertung und ist unangemessen formuliert.

Übung 2

Zum Beispiel: Die Geschichte macht es dem Leser nicht leicht, einen Sinn zu erschließen. Das liegt vor allem daran, dass Ort, Zeit und Hauptpersonen nicht konkret benannt sind. Man weiß nicht genau, ob es sich um eine übertragene Darstellung der Judenverfolgung oder um eine allgemeine Kritik an der Bürokratie handeln soll. Durch die allgemeinen Formulierungen wirkt die Kurzgeschichte auch nicht besonders spannend geschrieben, was die sowieso schon problematische Erschließung des Sinns weiter erschwert.

2.1 Die Einleitung: Textart und Thema

Übung 2

Es handelt sich um eine Kurzgeschichte (vgl. die genannten Kriterien auf S. 22).

Übung 3

Es geht um die Auswirkungen des Krieges auf den Einzelnen und um die Bedeutung von „Heimat“ im übertragenen Sinn bzw. in Gestalt von Elternhaus bzw. Mutter.

Übung 4

In der Kurzgeschichte „Die Küchenuhr“ von Wolfgang Borchert geht es um die materiellen und psychischen Auswirkungen des Krieges auf den einzelnen Menschen und die Gesellschaft sowie um die Bedeutung von Heimat und familiärer Bindung.

Übung 5

Z. 1 - 10 Der junge Mann
Z. 10 - 50 Die Küchenuhr
Z. 51 - 56 Erklärungsversuch der anderen für die Uhrzeit
Z. 66 - 107 Die Fürsorge der Mutter: Das Paradies
Z. 108 - 126 Der Verlust des Paradieses

Übung 6

Vgl. den Interpretationsaufsatz auf S. 40 ff.

2.2 Die Erzählweise

Übung 1

Die Einleitung macht mit Ort, Zeit und Hauptpersonen der Geschichte bekannt und deutet evtl. einen zentralen Handlungsstrang an.
Der Höhepunkt markiert den entscheidenden Punkt der Handlung. Oft handelt es sich auch um einen inhaltlichen Wendepunkt, von dem an die Handlung einen grundlegend anderen Verlauf nimmt.
Der Schluss rundet das Geschehen entweder durch Auflösung ab oder bleibt offen, um dem Leser größeren Spielraum für eigene Überlegungen zu geben.

Übung 2

Am Anfang wird beschrieben, wie der junge Mann zu der Gruppe der anderen stößt und sich von diesen vor allen Dingen äußerlich unterscheidet.
Am Ende wird gezeigt, dass die anderen den jungen Mann in seiner merkwürdigen Eigenart verstehen; ihr verlegenes Schweigen signalisiert Einverständnis.

Übung 3

Z. 108 - 113: Der junge Mann erkennt durch den Verlust der Mutter die Bedeutung der familiären Geborgenheit, die er anscheinend zuvor für weniger wichtig gehalten hat. Etwas Alltägliches erscheint in Kriegszeiten wie das „Paradies“. Das macht sowohl die Grausamkeit des Krieges als auch das „Paradiesische“ des Friedens klar.

Übung 4

Es ist unklar, ob „er“ sich auf den Autor oder auf den jungen Mann bezieht.

Übung 5

a) Keine klare Trennung zwischen Autor und Hauptfigur. → Die Geschichte zeigt, wie der junge Mann im Kriege alles verloren hat und ihm die früher selbstverständliche Fürsorge seiner Mutter als Paradies vorkommt.
b) Klarer Bezug auf die Hauptfigur.
c) Falscher Bezug: Keine Identität Erzähler-Hauptfigur. → Der junge Mann schildert den anderen, wie seine Mutter für ihn gesorgt hat, wenn er nachts sehr spät nach Hause gekommen ist.

Übung 6

Der Erzähler verhält sich anscheinend neutral. Er berichtet von der Begegnung des jungen Mannes mit den anderen Leuten und gibt wieder, was dieser erzählt. Der Erzähler kann die Gefühle und Empfindungen sowohl des Mannes als auch der anderen Leute wiedergeben. Allerdings hat der junge Mann für die Geschichte eine eindeutig größere Bedeutung, da über weite Teile seine Erzählung die Geschichte dominiert. So ist bei äußerer Neutralität der Erzähler doch eher dem jungen Mann zuzurechnen.

Übung 8

„Alle schweigen mich an? Habe ich ihnen etwas getan? Sie scheinen mich nicht zu verstehen. Aber sie haben doch den Krieg genauso erlebt wie ich, sie müssen doch wissen, wie es ist, alles zu verlieren."

Übung 9

Die Geschichte ist chronologisch aufgebaut: Begegnung - Erzählung von der Küchenuhr - Erzählung von der Mutter - Bedeutung des Verlusts familiärer Geborgenheit - Reaktion der Zuhörer: Verständnis für den jungen Mann. Diesem Aufbau entsprechend sind Einleitung, Höhepunkt und Schluss gut zu erkennen. Die Geschichte beginnt und endet mit einer gemeinsamen Szene des jungen Mannes und der anderen. So bildet das Zusammensitzen auf der Bank den Rahmen für den Hauptteil, die lange Erzählung des Mannes. Deren Schluss ist zugleich der Höhepunkt: Durch den Verlust erkennt er, dass das Leben bei seiner Mutter das „Paradies" gewesen ist.
Die Geschichte ist in der Er-Perspektive geschrieben. Da der Hauptteil aber aus der Erzählung des jungen Mannes besteht, handelt es sich um eine personale Erzählperspektive. Es kommen sowohl Außen- als auch Innensicht vor, wobei die Gefühlslage der Personen vor allem durch ihr Verhalten beschrieben wird.

Übung 10

junger Mann, zwanzig Jahre alt - ganz altes Gesicht - hat alles im Krieg verloren - präsentiert stolz eine gewöhnliche, nicht funktionsfähige Küchenuhr - reagiert merkwürdig („freudig" bei Erzählung vom Verlust) - erklärt den anderen die Bedeutung der Uhrzeit - hat bei seiner Mutter gelebt - ist oft erst sehr spät nach Hause gekommen (halb drei) - fand es ganz selbstverständlich, dass die Mutter nachts das Essen für ihn noch einmal warm gemacht hat - empfindet das nach dem Verlust als Paradies

Übung 11

Erscheinungsbild, Verhaltensweisen, Äußerungen und Gedanken:

- jung, aber ganz altes Gesicht,
- präsentiert stolz die Küchenuhr,
- reagiert merkwürdig,
- erzählt den anderen von der Uhr,
- erzählt den anderen von seinem Leben bei der Mutter,
- empfindet die mütterliche Fürsorge als selbstverständlich; entdeckt nach dem Verlust den wahren Wert,
- lächelt verlegen
- hebt die Uhr hoch, lacht ,hebt die Bedeutung der Uhr als einzige Erinnerung an zu Hause hervor,
  schweigt

Übung 12

Die wörtliche Rede trägt in wesentlichem Maße zur Charakterisierung des jungen Mannes bei: Seine einfache Art zu sprechen (z. B. Z. 15 - 27) kennzeichnet ihn einerseits als sympathisch, zeigt andererseits aber auch, dass er zumindest innerlich aufgeregt ist. Die Aufregung wird im weiteren Verlauf der wörtlichen Rede offenkundig (Z. 44 ff.). Um dies zu verdeutlichen, werden zahlreiche Wiederholungen eingesetzt.

Übung 13

direkte Charakterisierung/indirekte Charakterisierung

Z. 1 - 6: Der Mann setzt sich zu den anderen Leuten.
Z. 7 - 50: Bericht von der Küchenuhr
Z. 128: „ganz altes Gesicht"
Z. 57 - 107: Bedeutung der Uhrzeit: Erinnerung an die Fürsorge der Mutter
Z. 116 - 126: Zusammenfassende Darstellung seines Schicksals

Insgesamt zeigt sich, dass die indirekte Charakterisierung stark dominiert. Dazu gehört auch die Art und Weise, wie die Leute auf den jungen Mann reagieren: Zunächst sind sie befremdet, dann ist ihr Interesse geweckt, zum Schluss sind sie betreten und sie verstehen ihn.

Übung 14

a) Die Schlussfolgerung „aufdringlich“ ist theoretisch möglich, wird aber weder durch die Reaktion der anderen noch durch den weiteren Verlauf der Geschichte gedeckt. Außerdem gibt es keinen Anhaltspunkt dafür, dass es sich bei dem jungen Mann um einen Flüchtling handelt.
b) Ähnlich wie a): Die Schlussfolgerung ist durch den Text nicht gedeckt. Aus der Reaktion der anderen ließe sich lediglich schließen, dass sie denken, er sei nicht mehr bei klarem Verstand. (Z. 1 - 2, 28 - 30). Am Ende der Geschichte ist diese Reaktion eindeutig ein Zeichen von Verlegenheit und Verständnis.
c) Schlussfolgerung von der Erscheinungsweise auf die Absicht ist durch den Text nicht gedeckt.

Übung 15

Der junge Mann fällt schon äußerlich auf, denn während man an seinem Gang seine Jugend erkennen kann, fällt von Anfang an sein „ganz altes Gesicht“ auf. Das zeigt an, dass etwas Besonderes mit ihm geschehen sein muss.
Er scheint nicht verlegen zu sein, denn er setzt sich zu den anderen, ohne zu fragen, und beginnt seine Geschichte zu erzählen. Dabei scheint ihm nicht aufzufallen, dass die anderen Leute sich vielleicht überhaupt nicht für seine Küchenuhr interessieren. Während er erzählt, scheint er in einer eigenen Welt zu existieren. Er spricht nicht mit den anderen, sondern eigentlich mit seiner Küchenuhr.
Als die Zuhörer Interesse an seiner Geschichte bekommen haben und ihn auf das Ausmaß seines Verlustes hin ansprechen, reagiert er merkwürdig, indem er „freudig“ antwortet, was man von jemandem, der alles durch einen Bombenangriff verloren hat, nicht erwarten würde. Diese Reaktion könnte ebenfalls auf seine Aufregung schließen lassen oder darauf, dass ihn der Verlust aller Angehörigen und allen Besitzes auch um den Verstand gebracht hat.
Diese Frage wird auch durch die Fortsetzung der Erzählung nicht beantwortet. Allerdings erfährt man hier weitere Einzelheiten. Möglicherweise war er bis zu dem Zeitpunkt, an dem er alles verlor, ein lebensfroher Mensch. Er kam oft spät in der Nacht nach Hause, offenbar nicht von der Arbeit, wie die Reaktion der Mutter zeigt (Z. 87). Die mütterliche Fürsorge war für ihn etwas ganz Normales, Selbstverständliches. So hat er unbeschwert gelebt, bis ihm die Zerstörung des Hauses alles genommen hat.
Was der Verlust für ihn bedeutet, zeigt sich im Anschluss an diesen Bericht. Er erkennt, dass sein bisheriges Leben nicht selbstverständlich, sondern das „Paradies“ war. Der Verlust hat ihn altern lassen, was an seinem Gesicht auffällt. Und er hat ihn der inneren Ruhe beraubt, was sich an seiner Art zu sprechen zeigt.
So ist der „junge Mann“ aus Borcherts Geschichte eine Art Illustration der fürchterlichen Auswirkungen des Krieges auf den Menschen.

Übung 16

Das Verhalten verändert sich von offensichtlichem Befremden über Interesse zur Anteilnahme.

Übung 17

a) Ein Gegensatz besteht allenfalls im Verhalten. Die Vermutung, die Leute seien „nicht überzeugt von seiner Geschichte“, gilt höchstens für den Anfang, lässt sich aber insgesamt durch den Text nicht belegen. Vor allem der Schluss spricht dagegen.
b) Die Einschätzung ist durchaus richtig, vielleicht aber inhaltlich etwas schwach belegt.
c) Die Einschätzung ist im Wesentlichen richtig.

2.3 Weitere Strukturmerkmale: Zeit und Raum

Übung 3

Es liegt weitgehend Zeitdeckung vor, da große Teile der Geschichte aus wörtlicher Rede bestehen.

Übung 4

Ein größerer Zeitraum wird durch die Rückblende im zweiten Teil der Erzählung des jungen Mannes überbrückt. In ihm wird sein früheres Leben bei der Mutter beschrieben, um die Bedeutung des Verlusts klarzumachen. Zur Aussage der Geschichte trägt das den entscheidenden Teil bei: Der Krieg fordert Opfer nicht nur in materieller, sondern auch in persönlicher Hinsicht. Er ist das Ende aller Geborgenheit.

Übung 5

Sowohl die Tatsache, dass kein Ort angegeben ist, als auch die Namenlosigkeit der Figuren lassen auf eine Allgemeingültigkeit der Aussage schließen.

Übung 6

Die Menschen sitzen auf einer Parkbank in der Sonne. Anscheinend entspannen sie sich. Von der Umwelt um die Parkbank herum ist nicht die Rede.
Die Küche, in der sich der junge Mann und seine Mutter nachts treffen, ist kalt und wirkt eher ungemütlich. Dennoch bringt die Mutter durch ihr Auftreten (Z. 81 f.: „in ihrer Wolljacke und mit einem roten Schal") und ihr Handeln (Abendbrot, Gemeinschaft) Wärme in diese Umgebung.

Übung 7

Auf der Parkbank erzählt er den anderen von einem gewöhnlichen Gegenstand, als sei er etwas ganz Kostbares und Besonderes. Er redet viel und in auffälliger Weise.
In der Wohnung verhält er sich gegenüber der großen Fürsorge der Mutter, als sei sie selbstverständlich. Er scheint kaum zu reden, nimmt den Dienst der Mutter als etwas Normales hin.

2.4 Sprachanalyse

Übung 1

runde tellerweiße, blaugemalte Zahlen, keinen Wert, nicht so besonders schön, wie ein Teller, so mit weißem Lack, doch ganz hübsch, Zeiger nur aus Blech, kaputt

Übung 2

„halb drei": Die Uhrzeit bezeichnet den Zeitpunkt, zu dem die Küchenuhr stehengeblieben ist.
Sie ist einerseits vermutlich gleichbedeutend mit dem Zeitpunkt, an dem das Haus getroffen wurde, andererseits bezeichnet sie die Zeit des nächtlichen Heimkommens des jungen Mannes und der Begegnung mit der Mutter. – Die Wiederholung unterstreicht die Bedeutung dieses Zeitpunkts.
„Bombe(n)": Im Kontext der Geschichte ist „Bombe" ein Synonym für den Krieg, der nicht direkt beim Namen genannt wird. „Bombe" stellt den historischen Zusammenhang der Geschichte her.

Übung 3

war es ganz still, fragte, lächelte (verlegen), sahen ihn nicht an
Die Verben schaffen eine Atmosphäre der Ruhe, Besinnung und des Einverständnisses.

Übung 4

Die Uhrzeit zeigt einerseits die Tatsache und den Zeitpunkt der Zerstörung des Hauses an, andererseits ist sie – wie die Küchenuhr – ein Zeichen für die häusliche Geborgenheit.

Übung 5

- Ich-Erzähler Harras	- von Unruhe gestachelt
- ganz jung, ein junger Mann	- vorbereitet
- klagt nicht (2 x)	- unsicher
- frischweg	- Unehrlicher
- ungeschickterweise	- zittrig
- dieser junge Mann	- Schlauheit
- gezögert	- Wünsche entgegennehmen
- junger, aufstrebender Mann	- horcht
- kleinlich	- schwerwiegende Entschlüsse fassen
- Sache hat vielleicht Zukunft	- huscht
- weiß nicht	- großangelegte Überredungen treffen
- zum Kredit nicht gerade zu raten	- entgegenarbeiten
- ehrlich tätiger Mann	- Bericht erstatten
- außerordentlich eilig	

Der Ich-Erzähler versucht von Anfang an, von sich selbst ein möglichst positives Bild zu geben, verwendet dazu jedoch eine Anzahl von Begriffen, die eher negativ besetzt sind und von Unsicherheit zeugen („kleinlich", „zittrig", „unsicher" u. a.). Auch die Unterstreichung der positiv besetzten Begriffe (doppeltes „Ich klage nicht", „ganz jung") bewirkt eher das Gegenteil des Beabsichtigten.
Umgekehrt versucht der Erzähler, von seinem Gegenspieler Harras ein möglichst negatives Bild zu zeichnen, verwendet dafür aber mehrere positiv besetzte Begriffe („frischweg", „jungen, aufstrebenden Mann, dessen Sache vielleicht Zukunft habe"). In seiner negativen Beschreibung von Harras übertreibt der Erzähler („wie der Schwanz einer Ratte") oder stützt sich auf reine Vermutungen, z. B. wenn er ihn, den er gar nicht kennt, als „Unehrlichen" bezeichnet. So wird durch die Wortwahl hinsichtlich der Charakterisierung einerseits die Absicht des Ich-Erzählers deutlich und andererseits der Kontrast zwischen seiner Vorstellung von sich selbst und dem tatsächlichen Sachverhalt erkennbar: Er ist unsicher und zutiefst erschüttert.

Übung 6

Die Sätze, vor allem in der Erzählung des jungen Mannes, sind eher kurz. Das zeigt einerseits einen gewissen Grad an Aufregung, andererseits das Bemühen um Nüchternheit und Klarheit der Aussage.

Übung 7

Vorherrschend sind Aussagesätze, gelegentlich finden sich Ausrufe. Die kurzen Aussagesätze verdeutlichen, dass es sich um unabänderliche, feststehende Tatsachen handelt, die berichtet werden.

Übung 8

Es gibt verhältnismäßig wenig grammatisch unvollständige Sätze. Das zeigt, dass bei aller Aufregung der junge Mann doch bei Verstand ist und das Berichtete zutrifft.

Übung 9

Vergleiche die Antworten zu 6 – 8.

Übung 10

Der Satzbau in „Der Nachbar" weist beim ersten Hinsehen keine Besonderheiten auf.
Lange und kurze Sätze, Hypotaxe und Parataxe sind in einem ausgewogenen Mischungsverhältnis vorhanden.
Bei genauerer Untersuchung zeigen sich aber Auffälligkeiten im Satzbau:
Die Selbstdarstellung des Ich-Erzählers ist vorwiegend in einfachen, parataktisch aneinandergereihten Sätzen formuliert. So enthält der erste Absatz

Z. 1 – 7 keinen Nebensatz. Die Welt des Ich-Erzählers ist überschaubar, er ist sich seiner Sache und seiner selbst gewiss, so will er es zum Ausdruck bringen.
Mit dem Fortgang der Geschichte werden seine Lebensverhältnisse komplizierter und er wird zunehmend unsicher. Im Satzbau spiegelt sich das in länger werdenden, hypotaktischen Sätzen. Das gipfelt am Schluss in drei langen Satzgefügen (Z. 42 – 45, 48 – 56, 57 – 61), die die Verwirrung und Verunsicherung des Ich-Erzählers deutlich darstellen.

Übung 11

Die Geschichte ist durchgehend im Konjunktiv geschrieben.

Übung 12

Er stellt sie grundsätzlich infrage, indem er ihren Zweck allein in der „Abrichtung" der Menschen und ihrer Erziehung zu willenlosem Gehorsam sieht.

Übung 13

Es handelt sich um den Irrealis. Der Text sagt aus, dass die Menschen die Kultur einzig zum Zweck der Unterwerfung geschaffen haben und dass sich die „Oberen" den „Unteren" gegenüber wie „Haifische" verhalten.

Übung 14

Die Aussagen über den Menschen werden auf einem Umweg über Tiere indirekt getroffen und durch den durchgehenden Gebrauch des Konjunktivs zusätzlich verfremdet.

Übung 15

Brechts Parabel ist in Form eines großen zusammenhängenden Gedankenspiels verfasst, nach dem Motto: „Was wäre, wenn ... ?" Dabei stehen zwei Gegenstandsbereiche einander gegenüber: die Welt der großen und kleinen Fische einerseits und gesellschaftliche und kulturelle Institutionen andererseits. Die Absicht des Textes ist es, Letztere einzig als im Dienst der Herrschenden und Mächtigen stehend zu entlarven.
Der Text ist in einer verständlichen Sprache niedergeschrieben. Das ist einerseits in seiner belehrenden Absicht begründet, andererseits in der Eigenschaft, die Antwort auf eine Kinderfrage zu sein. Er arbeitet durchgehend mit dem Mittel des Vergleichs, indem dargestellt wird, welche Rolle kulturelle Institutionen in einer Haifischwelt spielen würden. Durch die zahlreichen Vergleiche soll der Leser erkennen, dass er selbst – als „kleiner Fisch" – in einer Haifischwelt lebt.
Als den Text beherrschendes Mittel wird der Konjunktiv gebraucht. Der Form nach entspricht das dem Gedankenspiel „Was wäre, wenn ... ?", doch wird durch den durchgehenden Gebrauch des Konjunktivs eine Nähe vom reinen Gedankenspiel zur Wirklichkeit bewirkt.
In den Aussagen werden jeweils eine Institution oder kulturelle Einrichtung ihrem Zweck gegenübergestellt, z. B.
„Schulen" – „lernen, wie man in die Rachen der Haifische schwimmt" (Z. 22 ff.); „Religion" – „lehren, dass die Fischlein erst im Bauch der Haifische richtig zu leben begännen" (Z. 79 f.); „Orden" – „im Krieg ein paar andere Fischlein, feindliche, in anderer Sprache schweigende Fischlein, (töten)" (Z. 57 ff.).
Dabei wird bewusst eine einfache Sprachebene gewählt, um das scheinbar Selbstverständliche und Harmlose des Sachverhalts klarzumachen. Gerade die kindliche Sprache regt in hohem Maße zum Nachdenken an.
Zugleich sind in dieser durchgehenden Struktur einige Hinweise auf das Anliegen des Textes, das Streben der Menschen nach sozialer Gleichheit, verborgen, etwa der Hinweis auf „niedrige, materialistische, egoistische und marxistische Neigungen" (Z. 39 f.), auf die „in anderer Sprache schweigende(n) Fischlein" (Z. 58 f.) oder auf die Gleichheit (Z. 83).
So bringt der Text sein Anliegen sprachlich auf verschiedene Weise zum Ausdruck: durch eine scheinbar verharmlosende, kindgerechte Sprache, durch den durchgehenden Konjunktiv-Gebrauch und durch eingestreute Hinweise auf das eigentliche Ziel der Menschheit und des Menschseins.

Übung 17

a) Anapher (Beginn aufeinander folgender Sätze mit dem gleichen Buchstaben)
b) Wiederholung

Übung 18

a) Weiß wirkt klar, rein, unschuldig.
b) Das weißblaue runde Gesicht ist ein Bild für die persönliche Bedeutung der Küchenuhr für den jungen Mann. Zugleich bringen das Weiß und das Blau, eigentlich „kalte" Farben, Farbe in den ansonsten grauen Alltag.

2.5 Der Interpretationsaufsatz – ein Beispiel

Übung 1

1. Einleitender Satz: Titel, Textart, Autor, Thema
2. Knappe Inhaltsangabe
3. Inhaltliche Untersuchung
   3.1 Verhältnis junger Mann – Gruppe
   3.2 Das Besondere an der Küchenuhr
   3.3 Bedeutung der Uhrzeit: Bild für Wärme und Geborgenheit
   3.4 Reaktion der anderen auf den jungen Mann
4. Untersuchung formaler und sprachlicher Gestaltungsmittel
   4.1 Fehlen von Namen, Orts- und Zeitangaben
   4.2 Erzählperspektive
   4.3 Sprachliche Besonderheiten: Satzbau, Stilfiguren
5. Schluss: Zusammenfassung der Aussageabsicht

Test

Übung 1

Es handelt sich um eine Kurzgeschichte. (Merkmale: eher distanzierter Bericht, offener Anfang, keine Einleitung, Verdichtung durch Aussparungen und Andeutungen, Chronologie, Momentaufnahme, Alltagssprache, Figuren oft Außenseiter, offener Schluss)

Übung 2

Antisemitismus und Judenverfolgung im Dritten Reich.

Übung 3

Zusammenfassung der Abschnitte:
- In einem idyllischen Kurort in den Bergen sind drei Arbeiter vor Beginn der Sommersaison damit beauftragt, ein Schild aufzustellen. Der günstigste Platz ist von einem Kruzifix am Ortseingang besetzt.
- Die Männer beraten sorgfältig darüber, welches nun der beste Platz für das Schild ist, denn es soll den Ort als etwas Besonderes ausweisen und jeder Besucher soll es wahrnehmen können.
- An dem zweiten ausgesuchten Platz verdeckt im Sommer eine Buche die Inschrift.
- Das Schild wird zur rechten Seite des Kruzifixes angebracht.
- Vorbeikommende Menschen zeigen unterschiedliche Reaktionen auf das Schild – von Begeisterung über Unsicherheit bis zu Kopfschütteln; die meisten sind gleichgültig. Die Arbeiter sind mit ihrem Werk zufrieden.
- Der sterbende Christus am Kruzifix scheint sich dem Schild mitleidend zuzuwenden.
- Die Inschrift auf dem Schild lautet: „In diesem Kurort sind Juden unerwünscht."

Gliederung/Aufbau der Geschichte:
Aufgabe der Männer – Sorgfalt bei der Erfüllung der Aufgabe – Reaktion der Umwelt – „Reaktion" der Christus-Figur – Wortlaut der Inschrift

Inhaltsangabe:
In einem Kurort in den Bergen haben zu Beginn der Sommersaison drei Arbeiter die Aufgabe, ein Schild am Ortseingang aufzustellen. Der Platz, der dafür am besten geeignet ist, ist allerdings schon von einem Kruzifix belegt. Sorgfältig überlegen die Arbeiter, wo sich das Schild am besten aufstellen lässt, damit jeder Besucher es sehen kann. Am zweiten Platz, den die Arbeiter aussuchen, stört eine Buche, die die Inschrift des Schildes verdeckt. Schließlich entscheiden sich die Arbeiter, das Schild zur rechten Seite des Kreuzes aufzustellen. Passanten reagieren unterschiedlich auf das Schild, Kinder sind begeistert, andere verunsichert, ablehnend, zustimmend, die meisten aber sind gleichgültig. Selbst der sterbende Christus am Kreuz scheint mitleidend auf das Schild zu

reagieren. Dessen Inschrift lautet: „In diesem Kurort sind Juden unerwünscht."

Übung 4

Mit der *Personifikation* wird die Natur als lebendig und kraftvoll dargestellt: „die Wucherblume verschwendete sich" (Z. 10), „der Löwenzahn strotzte und blähte sein Haupt" (Z. 11), „Trollblumen ... platzten vor Glück" (Z. 13 f.).
Gebrochen wird diese Darstellung der Idylle durch Übertreibungen und Einschränkungen: „spiegelt sich ein Himmel von *unwahrscheinlichem* Blau" (Z. 16 f.) sowie durch Andeutungen: „Totenkopf" (Z. 31), Kruzifix (Z. 36 f.).

Übung 5

Die Arbeit wird positiv dargestellt.
Ein Arbeiter „spuckte ermunternd aus" (Z. 51), das Dorf will „den Vorzug dieses Schildes und seiner Inschrift für sich beanspruchen" (Z. 76 f.), das Schild ist ein „Blickfang" (Z. 57).
Der antisemitische und menschenverachtende Inhalt steht in direktem Gegensatz zu dieser positiven Darstellung.

Übung 6

Die Arbeiter erledigen ihren Auftrag mit großer Sorgfalt. Sie machen sich Gedanken, wo und wie das Schild am besten zur Geltung kommen kann.

Übung 7

Es wird detailliert erzählt, die Erzählzeit überwiegt die erzählte Zeit. Alle Überlegungen und Einzelheiten der Handlung werden genau wiedergegeben.

Übung 8

Die *Kinder* sind begeistert, wollen am liebsten mithelfen, was für ihre Unkenntnis, Naivität und Begeisterungsfähigkeit spricht.
Frauen studieren die Inschrift genau, zeigen aber keine direkte Reaktion. Das könnte einerseits ein Hinweis darauf sein, dass sie mit einer gewissen Sensibilität reagieren, andererseits darauf, dass sie zu politischen Fragen weniger zu sagen haben.
Zwei *Nonnen* reagieren verunsichert. Vielleicht spüren sie das Unrecht, das das Schild verkörpert, vielleicht vertreten sie aber auch noch die judenfeindliche Tradition der christlichen Kirche.
Männer reagieren unterschiedlich, von Lachen bis zu Unverständnis.

- Die meisten Menschen reagieren gleichgültig.
- Die so detailliert beschriebene Reaktion weist auf den heiklen Inhalt der Inschrift voraus.
- Die verschiedenen Reaktionen spiegeln die Haltung der Menschen in Deutschland zur Judenverfolgung im Dritten Reich wider.

Übung 9

Es wird die auktoriale Erzählperspektive verwendet.

Übung 10

- Das Kruzifix und die ausführliche Erklärung der Kreuzesinschrift „I.N.R.I." im ersten Abschnitt.
- Die Erwähnung des Totenkopfes.
- Die Kreuzigungswerkzeuge: Hammer, Zange, Nägel.
- Weitere Analogien zur Kreuzigung Jesu:
  „die beiden anderen Iuden ... den Pfosten auf ihre Schultern" (Z. 85 – 87) → Leidensweg Christi, Kreuzweg
  „Platz zur Rechten" (Z. 103) → Jesu „Platz zur Rechten Gottes" nach dem Kreuzestod (Glaubensbekenntnis)
  „Zwei Männer hoben Erde aus (Z. 105)" → Grab
  „nagelte das Schild mit wuchtigen Schlägen auf" (Z. 106 f.) → die Kreuzigung selbst
  „Richtspruch" (Z. 135) → Richtspruch über Jesus

Übung 11

Die Überschrift „Saisonbeginn" steht einerseits für den Beginn der Urlaubssaison (direkte Bedeutung), andererseits für den Beginn der Judenverfolgung in Deutschland (Analogie zu „Jagdsaison").

3.2 Erster Eindruck und Thema: Die Einleitung formulieren

Übung 2

zu 1 a) Thema und Aussageabsicht werden miteinander verwechselt. Darüber hinaus ist auch die Aussageabsicht falsch formuliert, denn Storm rückt nicht die trostlose Atmosphäre in den Mittelpunkt, sondern seine Liebe zur Heimatstadt.

zu 1 b) Thema und Inhalt werden miteinander verwechselt.

Übung 3

In dem Gedicht „Die Stadt" von Theodor Storm geht es um die zwiespältigen Gefühle des Sprechers gegenüber seiner Heimatstadt.

Übung 4

Das Gedicht „Fahrt über die Kölner Rheinbrücke bei Nacht" von Ernst Stadler aus dem Jahre 1913 beschreibt eine nächtliche Durchquerung Kölns in einem Schnellzug. Da das lyrische Ich diesen Vorgang als gespenstisch und faszinierend zugleich erlebt, behandelt das Gedicht das zwiespältige Verhältnis gegenüber der Technik und der Großstadt.

3.3 Den Aufbau beschreiben

Übung 1

1. Vers 1 - 11
2. Vers 12 - 17
3. Vers 18 - 27
4. Vers 28 - 35

Übung 2

Das Gedicht ist in vier Teile von ungefähr gleicher Länge eingeteilt. Der erste Teil (V. 1 - 11) schildert die Fahrt des Zuges durch das Dunkel. Sie wird nicht nur optisch als beengend und bedrohlich empfunden. Man kann diese Wirkung auf das lyrische Ich wie auf den Zug selbst gut nachempfinden. Im zweiten Teil (V. 12 - 17) wird die Einfahrt in die Stadt beschrieben. Zunächst nähert sich der Zug der Stadt. Allmählich tauchen Lichter auf, Hinweise auf Industriegebiete außerhalb der Stadt. Nach einem weiteren kurzen Abtauchen in die Dunkelheit tauchen Lichter und erste Häuser auf und verdichten sich.

Der zweite Teil (V. 18 - 27) schildert die Überfahrt über die Brücke als eine Art Rausch und als ein Fest der Sinne. Lichtern, Geräuschen, Schiffen wird eine Bedeutung direkt auf das lyrische Ich bezogen beigemessen.

Die Stimmung ist freudig erregt.

Der letzte Teil (V. 28 - 35) führt wieder aus der Stadt heraus. Dabei kommen zwiespältige Gefühle zwischen „Besinnung" und „Wollust" zum Ausdruck.

3.4 Der Sprecher – das „lyrische Ich"

Übung 1

In „Die Stadt" erinnert sich der Sprecher an seine Jugend und beschreibt seine Gefühle gegenüber seinem Heimatort.

In „Fahrt über die Kölner Rheinbrücke bei Nacht" beschreibt der Sprecher das unmittelbare Erleben der Fahrt mit dem Zug und seine Empfindungen dabei.

3.5 Inhaltliche Schwerpunkte bestimmen

Übung 1

Inhaltl. Schwerpunkt:

- zwiespältig: einerseits ungemütlich, abgestorben, trostlos, andererseits Heimat;
- die Stadt liegt am Meer und abseits;
- eintönig, ungemütlich;
- entscheidend ist, was ihn persönlich mit der Stadt verbindet: „der Jugend Zauber";
- persönliche Verbindung durch Wechsel in die Ich-Perspektive und durch Anrede;
- wichtiger als der äußerliche Eindruck ist die innere Einstellung

Umsetzung/Gestaltungsmittel:

- „grauen", „seitab", „Nebel", „schwer", „Stille", „eintönig", „kein Wald", „kein Vogel", „harter Schrei", „Herbstesnacht";
- Strophe 1 - 2: neutrale Perspektive, Strophe 3: Ich-Perspektive;
- „Normalerweise" wird mit Stadt verbunden: lebendig, Menschen, pulsierendes Leben, kulturelle Attraktionen, Sehenswürdigkeiten etc. Im Gedicht entsteht dagegen der Eindruck von Stille und Einöde;

- keine menschlichen Geräusche; Nebel, verschleierte Sicht; Tiergeräusche nicht lieblich, eher unangenehm;
- dritte Strophe; vgl. o.

Übung 2

Zu streichen sind b), c), e), h), i), j)

Übung 3

a) Das lyrische Ich erlebt die Fahrt als eine Art Rausch und in Form von Sinneseindrücken.
d) Die Stadt selbst wird nur indirekt erlebt in Gestalt von Häuserfronten, Lichtermeer und Schiffen.
f) Es erlebt die Welt einerseits als bedrohlich (Teil 1), andererseits als faszinierend, erhebend (Teil 2 - 4).
g) Geräuschvoll, erhebend, rauschhaft.
k) Nach dem Ende der Fahrt bleibt der Eindruck, dass das lyrische Ich nach dem Rausch der Fahrt ganz auf sich und seine elementaren Gefühle zurückgeworfen ist, wie sie im Text beschrieben werden. Die Fahrt (bzw. ihre Auswirkungen) werden zu etwas Heiligem verklärt.

Übung 4

„Die Stadt" besteht aus drei Strophen zu je 5 Versen, die regelmäßig a b a a b gereimt sind. Die ersten zwei Strophen schildern aus neutraler Perspektive die Stadt als eintönigen, abweisenden Ort, während die dritte Strophe die positiven Gefühle des lyrischen Ichs gegenüber der Stadt, die sein Heimatort ist, zum Ausdruck bringt. Aus dem Gegensatz ergibt sich als Aussageabsicht, dass es weniger auf die äußere Wirkung eines Ortes ankommt als auf die persönliche Beziehung zu ihm.

„Fahrt über die Kölner Rheinbrücke bei Nacht" ist ein reimloses Gedicht in freien Rhythmen, das aus einer einzigen Strophe besteht. Allerdings lassen sich vier inhaltliche Teile erkennen: Fahrt durch die Landschaft, Einfahrt in die Stadt, Fahrt über die Brücke, Verlassen der Stadt. Die Tatsache, dass das Gedicht weder in Strophen gegliedert noch regelmäßig gebaut oder gereimt ist, spiegelt die Unmittelbarkeit der Sinneseindrücke und die Unruhe des lyrisches Ichs wider.

Übung 5

a) Der Satz ist nicht genau genug, da es nicht einfach um die Reize des Lebens in einer Kleinstadt geht, sondern um die Bedeutung der Heimatstadt für das lyrische Ich bzw. die Menschen.
b) Das ökologische Gleichgewicht ist nicht Thema des Gedichts.
c) Diese Gesamtaussage ist gut formuliert und treffend.

Übung 6

Zu streichen sind c) und e).

Die Stadt und die Moderne erscheinen im Gedicht „Fahrt über die Kölner Rheinbrücke bei Nacht" als etwas Unheimliches und Faszinierendes zugleich. Einerseits werden Technik und Geschwindigkeit als Rausch erlebt, andererseits hat die Schilderung der Stadt auch etwas Bedrohliches und Beängstigendes, sodass am Ende ein zwiespältiger Eindruck zurückbleibt.

3.6 Die formalen und sprachlichen Gestaltungsmittel erkennen

Übung 1

„Wer hat dich ...": a b b a → umarmender oder umschließender Reim
„Dämmrung will die Flügel spreiten ...": a b b a → umarmender Reim
„Komm, Trost der Welt ...": a a b c c b → Schweifreim
„Es ist schon spät ..." : a a b b → Paarreim

Übung 2

a b a a b

Übung 3

Der Reim würde nicht zur Unruhe und Erregung passen, die das Gedicht inhaltlich zum Ausdruck bringt.

Übung 4

Mit Ausnahme von V. 5 liegt ein jambisches Versmaß vor.

Übung 7

- strömender Rhythmus → vorantreibender Eindruck, unruhig, auf ein bestimmtes Ziel hinstrebend
- fließender Rhythmus → liedhafter, ruhiger Eindruck
- freier Rhythmus → unterschiedliche Verslänge und Betonung, unruhiger Eindruck

Übung 8

„Die Stadt" ist in einem fließenden Rhythmus gehalten, der sowohl der gleichmäßigen strophischen Gliederung entspricht als auch dem durchgehenden jambischen Versmaß. Diese Regelmäßigkeit vermittelt den Eindruck von Ruhe und gedanklicher Sammlung des Sprechers. Sie entspricht auch der Aussage des Gedichts, dem ruhigen Rückblick des Sprechers auf seine Jugend in der Stadt am Meer. Das Zusammenspiel von Inhalt und rhythmischer Gestaltung bewirkt, dass man sich den Sprecher als einen älteren Menschen vorstellen kann.
„Fahrt über die Kölner Rheinbrücke bei Nacht" ist, passend zur Reimlosigkeit, in freien Rhythmen abgefasst. Die freie Rhythmik spiegelt die Aufregung wider, die das lyrische Ich während der geschilderten Zugfahrt durch die Stadt empfindet. Sie besteht nicht nur in Unruhe, sondern auch im Plötzlichen, Momenthaften der Wahrnehmung. Wie die Dinge plötzlich auftauchen und wieder verschwinden, verhält es sich auch mit der Betonung einzelner Silben.

Übung 9

u, o, Diphthong au →
Offenheit, Aufbruchstimmung,
„Frühling", „magisch", „schöne", „Stromes", „(nicht) bewahren", „fahren", „schlagen", „(nicht) fragen": Es handelt sich zum überwiegenden Teil um Wörter, die die Schönheit und das geheimnisvoll Lockende der Natur und ihre Wirkung auf das lyrische Ich beschreiben.

Übung 10

„Laue Luft" (V. 1), „Frühling, Frühling" (V. 2), „bunt und bunter" (V. 5)
Durch den gleichen Anlaut wird die Zusammengehörigkeit der Wörter unterstrichen. Sie werden in ihrer Bedeutung hervorgehoben; sie haben auch eine Bedeutung für die rhythmische Gestaltung.

Übung 11

a) → u; b) → a; c) → e; d) → i; e)→ o;
f) → m, n, f, l, w; g) → k, s, t; h) → sch

Übung 12

In „Die Stadt" dominieren in der ersten Strophe die Vokale a und das lang gesprochene e. Sie bringen das Schwere und Eintönige des Lebens in der Stadt zum Ausdruck. Darüber hinaus werden zusammengehörende Wörter durch die beherrschen Vokale miteinander verbunden, z. B. „Nebel" - „schwer" - „Meer". Die zweite Strophe weist lautlich keine Besonderheiten auf. In der dritten Strophe dagegen spiegelt sich der Stimmungsumschlag auch in der Lautstruktur. Nun herrschen i und ü als Vokale vor - helle Laute, die die positiven Gefühle gegenüber der Stadt unterstützen. Auch hier binden die Vokale Wörter zusammen und unterstreichen deren Bedeutung: „der Jugend Zauber für und für/ruht lächelnd doch auf dir, auf dir" (V. 13 f.). Zusammengehörigkeit zeigt auch die Verwendung des Konsonanten d in der dritten Strophe an: die Verse 11 - 13 lauten mit d an; es liegt also eine Anapher vor. Ebenso wird durch das d des Personalpronomens der 2. Person Singular die Anrede an die Stadt zum beherrschenden Eindruck der dritten Strophe des Gedichts.
Eine zusammenhängende Lautstruktur lässt sich für „Fahrt über die Kölner Rheinbrücke bei Nacht" nicht ermitteln. Allerdings werden auch hier Wörter durch gleiche Laute zusammengebunden, z. B. „Eine Beklemmung singt im Blut" → Eindruck des Dunklen, Bedrohlichen;
„Gerippe grauer Häuserfronten liegen bloß,/im Zwielicht bleichend, tot -/etwas muß kommen.. o, ich fühl es schwer" → Bedrohlichkeit;

„Wie Fackeln stürmend! Freudiges!/Salut von Schiffen über blauer See! Bestirntes Fest!" → freudig gestimmter, begeisterter Eindruck; „Zum Letzten, Segnenden. Zum Zeugungsfest./ Zur Wollust. Zum Gebet. Zum Meer./Zum Untergang." → Zusammengehörigkeit der letzten, elementaren Gefühle und Empfindungen.

Übung 13

Thema ist die Umweltzerstörung und ihre Auswirkung auf den Menschen

Übung 14

Einstrophigkeit, Reimlosigkeit, stark unterschiedliche Verslänge, freie Rhythmik

Übung 15

Das Gedicht will auf die Ursachen und Folgen der Umweltzerstörung für den Menschen aufmerksam machen und zum Handeln dagegen aufrufen.
Die Gründe werden nur indirekt auf eine ironische bis sarkastische Weise genannt, sodass sie sich der Leser selbst erschließen muss. Die Folgen für die Menschheit, Naturlosigkeit als Heimatlosigkeit, werden direkt benannt. Einen direkten Aufruf zum Handeln gibt es nicht, aber der Leser kann ihn sich ohne große Schwierigkeiten erschließen.

Übung 16

Das Gedicht weist keine Reime auf. Es ist weitgehend in Alltagssprache verfasst; entsprechend kann man von einem ausgesprochenen Rhythmus nicht reden; allenfalls liegen freie Rhythmen vor. Auch klanglich sind kaum Besonderheiten zu verzeichnen. Eine Ausnahme sind V. 15 - 18, die jeweils mit „bis" beginnen. Diese Anapher soll nachdrücklich auf die Folgen der Umweltzerstörung aufmerksam machen.
Die äußerlich scheinbar kunstlose Form entspricht der Aussage: Die Botschaft vom Ausverkauf der Natur kann nicht in kunstvoll gebundenen Versen und Reimen vermittelt werden. Zugleich weisen die genannten Kennzeichen das Gedicht als ein Stück zeitgenössischer Lyrik aus, die zwar nicht durchgehend, aber oft auf die traditionellen Gestaltungsmittel des Gedichts verzichtet.

Übung 17

Es ergreift Partei für die Umwelt (V. 21 ff.) und tritt deutlich gegen die bisherige Zerstörung des natürlichen Lebensraums durch bauliche und andere Maßnahmen ein.

Übung 18

Die Sprache ist weitgehend Alltagssprache, was dem Anliegen (vgl. 16) und zum wesentlichen Teil auch der Eigenart zeitgenössischer Lyrik entspricht.

Übung 19

Wirtschaft/Politik	*Natur/Mensch*
betoniert, Citykomplexe, Wohngebiete, Weltstadtimage, Industrieklima, Raumkategorie der Verdichtungsbreite, verbraucht, Landschaftsgestalter, organisiert, kommerzialisiert, Planspielern,	Grün ausverkaufen, vertriebene Pflanzen und Tiere, Wiesen, Wacholderheide, Wälder und Felsen, Täler, Hügellinie, unverdorbener Fluss, Brunnen zu Nürnberg, Aachener Dom

Übung 20

Die Sachverhalte aus dem Bereich „Wirtschaft/ Politik" werden entweder durch das jeweilige Wort selbst oder im Zusammenhang des gesamten Gedichts deutlich abgewertet und negativ gesehen. Was mit „Natur/Mensch" zu tun hat, wird als verloren, wertvoll und deshalb als erhaltens- und schützenswert beschrieben.

Übung 21

Eine Bedrohung geht von der Gier des Menschen (V. 20, 22 - 24) aus und von der Vorstellung, er könne die ganze Natur nach seinem Willen verplanen und gestalten (V. 1 f., 8 - 11, 18 f.).

Übung 22

Das Gedicht schildert den lebensbedrohlichen Einfluss von wirtschaftlichen und politischen Interessen auf die Natur und den Menschen. Der Text bringt das sprachlich zum Ausdruck, indem beide Bereiche deutlich gegeneinandergestellt werden. Dabei wird das, was als wirtschaftlicher oder materieller Fortschritt gilt, deutlich negativ bewer-

tet, z. B. „glatt betoniert/wie eure neuen Wohngebiete“ (V. 2 f.), „Albträume/Citykomplexe/Weltstadtimage“ (V. 4 - 6), „bis die Täler in Zwangsjacken stecken/organisiert/kommerzialisiert“ (V. 18 - 20) oder „verkarstete Betonwüsten“ (V. 25). Die Autorin stellt hier Begriffe aus Wirtschaft, Technik und Politik zusammen mit wertenden Begriffen wie „Albtraum“ und „Zwangsjacken“, um die Aussage zu unterstützen.
Dem gegenüber steht der Bereich der Natur mit Begriffen wie „Grün“ (V. 1), „Pflanzen und Tiere“ (V. 13), „Wiesen“ (V. 15), „Wacholderheiden“ (V. 16), „Wälder und Felsen“ (V. 17), „Täler“ (V. 18), u. a. Die Natur erscheint als bedroht oder vernichtet, „vertrieben“ (V. 12), „im Griff haben“ (V. 17), „in Zwangsjacken stecken“ (V. 18) „organisiert/kommerzialisiert“ (V. 19 f.).
So wird bereits durch die Wortwahl die Aussageabsicht des Textes deutlich. Sie wird unterstützt durch den Gebrauch von Alltagssprache, die ihrerseits aber sehr kunstvoll geformt ist. Die Alltagssprache entspricht dem Gegenstand, ebenso wie der Verzicht auf Reime, ein festes Metrum und strophische Gliederung. Die kunstvolle Formung, etwa durch Verse, die nur aus einem Wort bestehen (V. 4, 5, 19, 20), oder durch Ellipsen (V. 10 f.), soll zu zusätzlichem Nachdenken über den rein berichtenden Charakter hinaus anregen.

Übung 23

Es könnte sich um sechs oder sieben Sätze handeln, z. B.
V. 1 - 3; 4 - 8; 9 - 11; 12 - 20; 21 - 22; 23 - 30; 31 - 34. Möglicherweise könnte man auch V. 1 - 8 zu einem Satz zusammenfassen.

Übung 24

1) Anrede an die Gemeinderäte: Vermutung über die Ursachen der Naturzerstörung → provozierende Anrede
2) Bestandsaufnahme: Welt der technischen Zivilisation → Wirtschaftlich-technische Fachsprache: Gefühlskälte; Zusammenstellung mit „Albtraum“
3) Herrschende Einstellung zur Natur → provozierende These
4) Die Natur im Griff des Menschen → Vergleiche, Metaphern; Zusammenstellung mit wirtschaftlich-technischer Sprache
5) Appell: Stoppt den Naturverbrauch → Klarer Appell (keine Abweichung vom üblichen Sprachgebrauch)
6) Folgen der Umweltzerstörung: Die Nachkommen kennen keine Natur mehr → poetischer Sprachgebrauch, um Wert der Natur herauszustellen
7) Wert der Natur nach ihrer fast vollständigen Unterwerfung → Vergleich der Natur mit kulturellen Leistungen

Übung 25

Der Leser muss die Ergänzung selbst vornehmen (etwa: „Natur ist da um verbraucht zu werden/je mehr/desto besser“) und soll so zum Nachdenken über die Aussage angeregt werden.

Übung 26

Die Aufzählungen rufen den Eindruck von etwas Zwingendem hervor (V. 15 - 20) und zeigen die Fülle des Verlorenen (V. 28 f.) und der Zerstörung (V. 4 - 8) an.

Übung 27

Der Satzbau weist eine kunstvolle Gestaltung auf, die im Kontrast zur verwendeten Alltags- und technischen Sprache steht. Rein äußerlich handelt es sich um einen Satz, der aber sechs oder sieben vollständige Sätze enthält. Durch den Wegfall aller Satzzeichen wirkt der Text wie ein einziger Gedankenstrom. Die Gestaltung der einzelnen Sätze zeigt sich in besonderen Mitteln wie Aufzählungen oder Ellipsen. Der kunstvoll gestaltete Satzbau hebt die Bedeutung des geschilderten Sachverhalts und der Aussage hervor. Darüber hinaus kann er den Leser zu zusätzlichem Nachdenken anregen, da sich nicht alle Aussagen beim ersten Lesen erschließen.

Zu Seite 66

Übung 28

a) Gebrauchtwagen lassen sich gut verkaufen
b) jemanden im Stich lassen
c) den Motor starten
d) sich sehr ärgern
e) angestrengt überlegen, nachdenken

Übung 29/30

„Wolkenpferde“ → Wolken
„schweren Leiber“ → schwere, dicke (Gewitter-) Wolken
„Sturm ist der Treiber“ → heftiger Sturm

Übung 31

Ein Sachverhalt wird mit Wörtern aus einem anderen Gegenstandsbereich ausgedrückt. Der Leser hat die Aufgabe, beides miteinander zu verbinden und so die Bedeutung bzw. den besonderen Aussagegehalt selbst zu erschließen.

Übung 32

Zum Beispiel das Geheimnis der Naturschönheit

Übung 33

Das Gedicht beschreibt das Verhältnis des Menschen zur Schönheit. Es ist in drei Strophen eingeteilt, die drei Sätze enthalten, wobei die ersten beiden Strophen nicht mit den ersten beiden Sätzen identisch sind.
Im ersten Satz wird beschrieben, wie das lyrische Ich die Schönheit wahrnimmt. Die „Formel“, die von der „Spitze des Dorns“ geerntet wird, könnte aussagen, dass die Natur schön und perfekt auf den Menschen wirkt. Das Geheimnis ihrer Schönheit kommt ihm leicht zu erschließen, zu übernehmen, eben zu „ernten“ vor. Er schaut sie sich ab, eignet sie sich an. Doch indem er sie sich aneignet, verwandelt sie sich: „Die leicht war,/wird schwer auf der Hand,/entfällt ihr.“ (V. 4 - 6). Der Mensch, der die Schönheit gern für sich haben und behalten möchte, kann ihr Geheimnis nicht verstehen, begreifen, festhalten.
Stattdessen bleibt die „Formel“ für sich, „schlägt Wurzel,/wird Rose/an dieser Stelle.“ (V. 7-9).
Das heißt, der Mensch kann sich an der Schönheit der Natur freuen, er kann sie auch zerstören, er kann sie gering achten, aber er kann sie nicht begreifen, festhalten, auf sich selbst anwenden und übertragen.

Übung 34

a) die Sonne scheint
b) der Wagen/Lastwagen/Zug ist sehr schwer oder schwer beladen
c) morgens nimmt der Verkehr auf den Straßen zu, Menschen sind zu sehen, es wird lauter, belebter
d) das Geräusch des Windes

Übung 35

Gegenstände oder Sachverhalte wirken lebendiger

Übung 36

a) Die Wüste wandert jährlich mehrere Kilometer nordwärts.
b) Das höchste Haus der Welt kratzt mit seinen 476 m an den Wolken.
c) Der Fluss windet sich durch das Tal.
d) Der Sturm fegte mit 110 km/h durch das Tal.

Übung 37

- „Wolkenpferde/ins Licht sich stürzen“ → Wolken schieben sich vor die Sonne
- „qualmt die Erde/von starken Würzen“ → intensive Düfte erfüllen die Luft
- „schweren Leiber/den Himmel fegen“ → dicke Wolken ziehen schnell am Himmel entlang
- „Gräser sausen“ → Rascheln des Grases unter dem Wind
- „Wildblumen fliegen/mit fremden Düften“ → Durcheinanderwirbeln verschiedener Gerüche und Blätter
- „fahren Flammen“ → Gewitterblitze
- „Weg stürzt zusammen“ → Durcheinander
- „Mit gelbem Bauche“ → Blattunterseite

Übung 38

Im ersten Satz ist die Bildlichkeit nur schwach ausgeprägt. Neben der verblassten Metapher „Glückspilze" ist das Subjekt genannt: „Wir". Das Gemeinte, Glück bei der Auslosung, wird direkt erwähnt. Im zweiten Satz ist dieser Sachverhalt durch ein zusätzliches Bild verschlüsselt; das Bild wirkt „systematisiert".

Übung 39

Taube → Frieden
Herbst → Alter, Todesnähe, Tod

Übung 40

Frühling: Natur, Zeit der Aussaat, des Wachstums, des vergehenden bzw. zurückliegenden Winters, Aufbruch, Erwachen, Beginnen, Anfang
Waage: Darstellung der röm. Gerechtigkeitsgöttin mit Waage, Gleichgewicht, Ehrlichkeit, Gerechtigkeit

Übung 41

a) Der Wagen fährt langsam.
b) Er ist ein groß gewachsener, starker Mann.
c) Sie verfügt über sehr viel Allgemeinwissen.
d) Sie singt ausgezeichnet.

Übung 42

a) Der ICE rast wie der Wind.
b) Herr Meier arbeitet wie ein Tier.
c) Nach drei Tagen war das Brot hart wie Stein.
d) Es hat geregnet wie aus Kübeln.

Übung 43

- „fleucht davon wie ein Geschwätz von Scherzen" → Belanglosigkeit, Bedeutungslosigkeit
- „Gleich wie ein eitel Traum leicht aus der Acht hinfällt" → dem Vergehen und Vergessen anheimgegeben
- „wie ein Strom verscheußt" → Unaufhaltsamkeit
- „vergehn wie Rauch von starken Winden" → Schwäche, Bedeutungslosigkeit

Die Vergleiche veranschaulichen die Tatsache, dass das menschliche Leben angesichts der Ewigkeit nichts Besonderes ist, weil es unwiderruflich dem Tod anheimgegeben ist.

Übung 44

Zur zusammenhängenden Deutung vgl. den Musteraufsatz S. 82 ff.
Hier nur in Kürze einige Stichworte:
Thema: Vergänglichkeit und Hinfälligkeit des menschlichen Lebens; Erinnerung an die Sterblichkeit („memento mori").
Bildlichkeit: Zahlreiche Metaphern und Vergleiche, die die Hinfälligkeit und Todverfallenheit des Menschen zum Ausdruck bringen.

3.7 Die sprachlichen Mittel und die formalen Gestaltungsmerkmale mit der Aussageabsicht verbinden

Übung 1

Es werden nur formale Merkmale und sprachliche Mittel aufgezählt, aber keine möglichen Aussagen damit verbunden.

Übung 2

- „wie es für die Form des Sonetts üblich ist" → nähere Bestimmung der Form;
- „sowohl einen strengen als auch einen regelmäßigen, ruhigen Eindruck" → Eindruck, der von der formalen Gestaltung ausgeht, Wirkung auf den Leser;
- „verbinden ... beide besonders zusammengehörenden Inhalte miteinander" → inhaltlicher Aspekt der Reimform;
- „gelassene, ruhige Stimmung" → vgl. o.
- „ermöglicht es, die Betonung besonders wichtige Wörter hervorzuheben";
- „gestalten das Gedicht klingender und bewirken Abwechslung" → inhaltliche Aspekte des Metrums;
- „der heitere Eindruck" → inhaltlicher Aspekt der Lautung

Übung 3

Die formalen Gestaltungsmittel, die zu einem zusammenhängenden Text verbunden werden können, sind folgende:

- regelmäßiger strophischer und metrischer Bau → Ruhe, Gelassenheit, Sammlung des Sprechers

- erste Strophe: Diphthong „au“, Vokal „e“
  → Eindruck der Schwere
- Alliteration: „drückt die Dächer“ (V. 3)
  → Nachdruck
- Personifikation: „der Nebel drückt“ (V. 3)
  → Macht des Nebels
- Wiederholung: „kein“ (V. 6 f.)
  → Verstärkung der Einöde
- Personifikation: „weht das Gras“
  → Veranschaulichung akustischer und optischer Eindrücke
- Wiederholungen: „Für und für“, „an dir, an dir“
  → Betonung des positiven Gefühls gegenüber der Stadt
- Personifikation durch Anrede „du“, „dir“
  → persönliches Verhältnis zur Stadt

Übung 4

- weitgehende Reimlosigkeit → Chaos der Gedanken
- kein festes Metrum → Unordnung
- aneinanderreihende Aufzählung von Substantiven → Fülle von Eindrücken und Gefühlen
- Verben der Bewegung → Dynamik
- emotionale Adjektive → starke Betonung des subjektiven Gefühls
- unvollständige Sätze → Abrisshaftes
- Einwortsätze → Unruhe
- religiös gefärbte Substantive → Hochstimmung

Übung 5

Das Gedicht „Fahrt über die Kölner Rheinbrücke bei Nacht“ ist nicht strophisch gegliedert, sondern besteht aus einer einzigen Strophe zu 34 Versen, die eine Fülle einzelner Sätze enthalten. Ein festes Metrum lässt sich ebenso wenig erkennen wie ein Reimschema. Zwar tauchen gelegentlich Reime auf: „Feuerkreis“ - „sekundenweis“, V. 6 u. 8; „Schicht“ - „dicht“, V. 10 u. 12; „Wacht“ - „Nacht“; V. 20 u. 23. Doch trotz dieser vereinzelten Reime kann man daher das Gedicht als reimlos bezeichnen, da sie im Zusammenhang des Gedichts eher zufällig als formbildend wirken. Das Fehlen dieser traditionellen lyrischen Gestaltungsmittel weist das Gedicht als einen modernen, zeitgenössischen Text aus. Inhaltlich spiegelt es die Unruhe und Emotionalität der Gedanken und Empfindungen des Sprechers wider, zu denen ein wohlgeordnetes Bild im Widerspruch stünde. Diese Emotionaliät kommt durch andere Mittel zum Ausdruck. Aufzählungen verdeutlichen die Fülle der Eindrücke, denen der Sprecher ausgesetzt ist, z. B. „Feuerkreis/Von Kugellampen, Dächern, Schloten,/dampfend, strömend .. nur sekundenweis ..“ (V. 6 – 8) oder in V. 11: „Nun taumeln Lichter her .. verirrt, trostlos vereinsamt ..“ Am stärksten ist das Mittel der Aufzählung im Schlussteil V. 29 – 34 eingesetzt, wo Eindrücke und Begriffe aus Religion und Mythos und menschliche Grundgefühle ohne Prädikat aneinandergereiht sind.

Ein weiteres Mittel zur Darstellung der Emotionalität sind zahlreiche Metaphern, Personalisierungen und Vergleiche.

Metaphern erhöhen den Ausdruckswert: „Die ganze Welt ist nur ein enger,/nachtumschienter Minengang“ (V. 3 f.) veranschaulicht die Dunkelheit und das Bedrückende der Fahrt durch die Nacht. Das nächtliche Leuchten von Industrieanlagen erscheint als „Feuerkreis/Von Kugellampen, Dächern, Schloten“ (V. 6 f.) und gibt ihnen somit etwas Bedrohliches, Dämonisches. Das Licht der Häuser am Fluss wiederum wird zur „blitzende(n) Parade“ (V. 21), um die Hochstimmung bei der Überfahrt über die Brücke zum Ausdruck zu bringen. Dem gleichen Zweck, der Veranschaulichung, dienen die Vergleiche: „Dann dröhnt der Boden plötzlich wie ein Meer“ (V. 17), „Wie Fackeln stürmend!“ (V. 24).

Die Personalisierungen gestalten die gefühlsmäßige Unruhe lebendiger: „Nun taumeln Lichter her...verirrt, trostlos vereinsamt“ (V. 11), „Eine Beklemmung singt im Blut“ (V. 16), „schwer die Wasser abwärts rollen“ (V. 22).

Bei der Wortwahl herrschen Verben der Bewegung und der sinnlichen Wahrnehmung vor. Sie bewirken die Unmittelbarkeit des Berichteten. Viele Substantive entstammen entweder dem Bereich des Technischen oder der Stadt, am Ende des Gedichts auch dem der Religion.

Wie sehr das lyrische Ich zwischen Bedrückung und Hochstimmung hin- und hergerissen ist, zeigt sich auch am Satzbau. Knappe, vollständige Aussagesätze finden sich nur in den ersten drei Versen. Die dann folgenden Sätze sind lang, z.T. unvollständig, oft durch „..“ unterbrochen und bestehen teilweise nur aus ein bis zwei Wörtern. Auf dem Höhepunkt des Gedichts, der Überfahrt über die Brücke, finden sich gehäuft Ausrufe (V. 23 - 26), am Ende läuft das Gedicht in einer Aneinanderreihung von elementaren menschlichen Gefühlen, Sinneseindrücken und religiösen Erfahrungen aus und endet mit „Zum Untergang“ (V. 34). Diese Unvollständigkeit gibt nicht nur die Unruhe und das gedankliche Chaos wieder, sondern spiegelt am Ende auch das Zurückgeworfensein auf elementare Eindrücke und Erfahrungen.

3.8 Die textexternen Faktoren einarbeiten

Übung 1

„die im Barock verbreitete Form des Sonetts“
„Dieser Gedanke wird auch vom Hintergrund des 30-jährigen Krieges her ... seiner Sterblichkeit.“

Übung 2

am Ende

Übung 3

a)

Das Gedicht „Die schlesischen Weber“ von Heinrich Heine aus dem Jahre 1844 behandelt die Lage der ausgebeuteten Arbeiter und ruft zum Widerstand gegen soziale Missstände im Deutschland des 19. Jahrhunderts auf.

In fünf Strophen zu je fünf Versen wird der Widerstand der Weber gegen Arbeitgeber und Obrigkeit beschworen und begründet. Nur die ersten beiden Verse sind in einer Art auktorialen Perspektive geschrieben. Für den gesamten Rest des Gedichts wird die erste Person Plural verwendet – ein Zeichen dafür, dass sich der Sprecher der Gemeinschaft der Weber zugehörig fühlt.

Die erste Strophe beschreibt die Situation allgemein: Die Weber sitzen am Webstuhl, bereit zum Widerstand, und verfluchen Deutschland aus dreifachem Grund. Die Gründe für den Zorn der Weber werden in den folgenden drei Strophen erklärt: Betrug durch die Kirche, deren Gott die Bitten der Arbeiter in ihrer Not nicht erhört hat (Str. 2), erbarmungslose Härte der Obrigkeit, die die Arbeiter bis zum Letzten auspresst (Str. 3), sowie Verlogenheit des Geredes vom Vaterland (Str. 4). Die fünfte Strophe lenkt wieder zurück zum aktuellen Bild, mit dem der Widerstand der Weber noch einmal beschworen wird.

Die erste Strophe zeigt die Ausgangssituation. Im Auge haben die Weber „keine Träne“ (V. 1), d. h., die Zeit der Trauer ist vorbei und dem Widerstand gewichen. Der Zorn wird durch das Zähnefletschen (V. 2) verbildlicht; indem es eher an Zorn- und Drohgebärden von Tieren erinnert, zeigt es, dass die Zeit der Bitten und Diskussionen vorbei und die Zeit zu kämpfen angebrochen ist. Durch den Perspektivwechsel in V. 3, aus der neutralen Perspektive wechselt der Sprecher zum gemeinschaftlichen „wir“, wird klar, dass der Sprecher Partei für die Sache der Weber ergreift. Sowohl die Gemeinschaftlichkeit als auch die Entschlossenheit zum Kampf wird nachdrücklich betont durch das vierfache „wir weben“ in V. 3 - 5.

In der zweiten Strophe werden die Hoffnungen der Weber auf Gott dessen Ignoranz, wie sie der Sprecher sieht, gegenübergestellt. Sprachlich wird dies durch die Reihung „wir haben vergebens gehofft und geharrt,/hat uns geäfft und gefoppt und genarrt“ (V. 8 f.) erkennbar. Das in beiden Versen dreifache „ge“ bewirkt einen gleichbleibenden, kräftigen Rhythmus, der die Entschlossenheit der Weber unterstützt. Heine spielt in diesem Vers auf die Rolle der Kirche im 19. Jahrhundert an, die im Bündnis von „Thron und Altar“ meist auf der Seite der Mächtigen und der Industriellen stand und sich um die Interessen der Arbeiter nicht kümmerte. Allerdings vereinfacht er sowohl in der Darstellung der Kirche als auch in der Gleichsetzung von Kirche und Gott (V. 6), wobei die Vereinfachung durch den Charakter des Kampfliedes bedingt ist.

Mit einer klaren Gegenüberstellung begründet er auch den Fluch gegenüber der Obrigkeit. Statt Fürsorge und Mitleid mit den Untertanen (V. 12) legt sie ihnen gegenüber nur erbarmungslose Härte an den Tag. Das Motiv des zum Tier herabgewürdigten Menschen aus V. 2 („fletschen die Zähne“) taucht wieder auf, wenn es heißt, dass der König die Weber „wie Hunde erschießen läßt“ (V. 14). Interessant an der dritte Strophe ist, dass der Sprecher den König zwar als „König der Reichen“ (V. 11) bezeichnet, die Industriellen aber selbst nicht angreift. Vielleicht verstehen diese sich von selbst als Gegner der Arbeiter und müssen keines besonderen Fluches mehr gewürdigt werden.

In der vierten Strophe greift der Sprecher die falsche Vaterlandsliebe an. Hier geht er über das unmittelbare Anliegen der Weber hinaus, indem er die politischen Verhältnisse in Deutschland mit starken Worten kritisiert.

„Wo nur gedeihen Schmach und Schande“ (V. 17) bezieht sich vermutlich auf die starken Gegensätze zwischen Arm und Reich und auf die Lebensbedingungen der ausgebeuteten Arbeiter. „Wo jede Blume früh geknickt“ (V. 18) spielt auf die Unterdrückung jedes Bestrebens nach Demokratie und Gleichberechtigung an. „Wo Fäulnis und Moder den Wurm erquickt“ (V. 19) vergleicht die politischen Verhältnisse in Deutschland mit einem Sumpf und wertet die Günstlinge ab.

Die fünfte Strophe stellt noch einmal die Konsequenz aus dem Vorangegangenen dar. Von Wut und Zorn ist direkt nichts mehr zu spüren, aber die Entschlossenheit ist umso stärker ins Bild gerückt. „Wir weben emsig bei Tag und Nacht“ (V. 22) erscheint dabei in doppelter Bedeutung. Einerseits stellt es das Los der Weber dar und den Wunsch der Industriellen („emsig“), im Kontext des Gedichts und mit dem darauffolgenden Vers wird klar, dass damit der Aufstand der Weber gemeint ist.

Das Gedicht ist regelmäßig gebaut. Alle Strophen sind im Paarreim verfasst, der fünfte Vers besteht aus dem immer gleichen Refrain „Wir weben, wir weben!“. Vorherrschendes Metrum ist der Jambus. Die regelmäßige Form unterstützt den liedhaften Charakter des Gedichts. Dabei handelt es sich um ein Kampflied. Mehrere Wiederholungen unterstreichen das Gesagte nachdrücklich. Am auffälligsten ist dabei die Wiederholung des Refrains am Ende jeder Strophe. Die zweite bis vierte Strophe, die den inhaltlichen Kern des Gedichts ausmachen, beginnen jeweils mit „Ein Fluch“. Auch die Anapher in der vierten Strophe (V. 17–19) unterstützt den beschwörenden Charakter des Gedichts.

Weitere stilistische Mittel sind die Antithetik in den Strophen 2–4 sowie der durchgehende gleichmäßige Rhythmus. Die Sprache ist weitgehend klar und verständlich, was dem Anliegen des Kampfliedes entspricht. Lediglich die vierte Strophe ist stärker metaphorisch verschlüsselt. Damit erreicht der Verfasser einerseits eine stärkere Allgemeingültigkeit als durch das Nennen bestimmter Namen, andererseits hat ihm die Metaphorik möglicherweise einen gewissen Schutz vor dem Zugriff der Zensur ermöglicht. Eine weitere zentrale Metapher und ein Schlüsselwort des Gedichts ist das in der ersten und letzten Strophe erscheinende „Leichentuch“. Es drückt den Wunsch nach Beendigung der herrschenden politischen Verhältnisse in Deutschland aus; zur Bekräftigung wird „Deutschland“ (V. 3) zu „Altdeutschland“ (V. 23) gesteigert.

b)

Das Gedicht hat einen konkreten historischen Hintergrund. Mit dem Aufkommen mechanischer Webstühle in Deutschland Anfang des 19. Jahrhunderts brach in Gebieten mit textilverarbeitender Industrie großes Elend aus. Sofern sie überhaupt noch Arbeit hatten, wurden die Weber erbarmungslos ausgebeutet. Während die Industriellen ihren Gewinn in starkem Ausmaß steigern konnten, herrschte in den Arbeiterfamilien Hunger. Das führte in Schlesien zu offenen Aufständen der Weber gegen die Industriellen und die Obrigkeit, die alle Bitten um menschenwürdigere Lebensverhältnisse ignoriert hatten. In diesen Aufständen versuchten die Weber auch die Webstühle zu zerstören (Maschinenstürmerei), jedoch brachen die Aufstände unter der Gewalt der Obrigkeit zusammen.

Heinrich Heine trat wie die anderen Autoren der literarischen Strömung des „Jungen Deutschland“ (Büchner, Freiligrath, Gutzkow, Börne) für eine radikale Änderung der politischen Verhältnisse in Deutschland ein. Literatur steht dabei engagiert im Dienst der gerechten Sache. Wie sehr der Autor durch seinen Sprecher Partei nimmt, zeigt der Text „Die schlesischen Weber“ deutlich. Zu Heines Engagement und zu seinem Zorn auf Obrigkeit und Kirche haben sicherlich auch eigene Erfahrungen beigetragen. Heine hat die politisch einengenden Verhältnisse in Deutschland klar wahrgenommen und war Nachstellungen durch die Zensur ausgesetzt. 1831 emigrierte er nach Frankreich; nach Deutschland kehrte er nur noch ein Mal besuchsweise zurück. Sein soziales Engagement wurde auch durch die Begegnung mit Karl Marx gestärkt, dessen sozialistische Ideen er weitgehend teilte. (Zusammenfassung) So ist „Die schlesischen Weber" ein Beispiel für sozial und politisch engagierte Literatur. Das Gedicht zeigt, wie ein konkretes historisches Ereignis zum Anlass für einen Appell für Gerechtigkeit und eine Kampfansage an die Mächtigen wird.

3.9 Einen aktuellen Bezug erkennen und einarbeiten

Übung 1

a) Die Aktualisierung liegt vielleicht durchaus in einer Linie mit der Aussageabsicht des Textes, ist aber zu undifferenziert.
b) Trotz Nennung der Weber weist dieser Versuch keinen Textbezug auf.
c) Hier liegt überhaupt keine Aktualisierung vor, sondern eine einfache Bewertung des Textes ohne ausreichenden Textbezug.
d) Dieser Versuch einer Aktualisierung ist gelungen.

3.10 Gedichte vergleichen

Übung 2

Das Motiv des Todes und der Hinfälligkeit des Lebens ist beiden Gedichten gemeinsam.

Test

Übung 1

Vier Strophen zu vier Versen, Kreuzreim, vier Hebungen, Trochäus, fließender Rhythmus

Übung 2

Das lyrische Ich beschreibt einen Gang durch eine weihnachtliche Stadt bis hinaus vor die Stadt aufs freie Feld. Es geht anscheinend ganz allein durch die Stadt und beschreibt die feierliche Stille in den Straßen und Häusern. Dieselbe Stille herrscht vor der Stadt auf dem freien Feld.

Übung 3

Es werden viele *Alliterationen* verwendet:
„geh ich durch die Gassen" (V. 3)
„Fenstern ... Frauen" (V. 5)
„stehn und schauen" (V. 7)
„freie Feld" (V. 10)
„hehres Glänzen, heilges Schauen" (V. 11)
„Wie so weit und still die Welt" (V. 12)
Die Alliterationen tragen zum Eindruck klanglicher Einheit und Geschlossenheit und damit zum Gesamteindruck der Harmonie bei.

Übung 4

Strophe 1 und 2: Satzreihen, Aussagesätze → Wiedergabe der Eindrücke.
Strophe 3 und 4: Satzreihen, Ausrufe → Ergriffenheit des lyrischen Ichs

Übung 5

Stille/Einsamkeit: verlassen, still, wunderstill, sinnend, Einsamkeit
Fest/Festlichkeit: festlich, fromm geschmückt, hehres Glänzen, heilges Schauern, wunderbares Singen, gnadenreiche Zeit
Der Neologismus ist „wunderstill" (V. 8).

Übung 6

Das lyrische Ich nimmt die feierlich-festliche Atmosphäre in der weihnachtlichen Stadt wahr und lässt sich davon berühren. Allerdings ist es ein Außenstehender, der zu den Fenstern hereinschaut, aber nicht am festlichen Leben teilnimmt. Folgerichtig geht es vor die Stadt, wo es in der Einsamkeit die weihnachtliche Stimmung erst richtig wahrnehmen kann.

Übung 7

a) Metapher, b) Personifikation, c) Vergleich, d) Alliteration

Übung 8

Zu „Freies Geleit"
1) Der Tag erwacht und mit ihm die Natur, noch sind Spuren der Nacht zu sehen.

2) Die Natur ist in ihren verschiedenen Erscheinungsweisen lebendig und schön.
3) Die Natur/die Erde will die tödlichen Folgen menschlichen Handelns (Krieg, Atombomben-Versuche) nicht.
4) Die Erde will mit den Menschen die Schönheit der Natur feiern.
5) Die Erde ist für uns, für die Menschen schön.
6) Sie will, dass wir Menschen sie schützen.

Übung 9

In dem Gedicht „Freies Geleit" von Ingeborg Bachmann aus dem Jahr 1957 geht es um die Folgen menschlichen Handelns für die Natur.

Übung 10

a) „Verlebendigung": Unbelebte Gegenstände werden mit einer lebendigen Eigenschaft versehen.

b)

V. 3	„steht der Tag auf"	→ Tagesanbruch
V. 4	(das Meer) „leert einen schäumenden Becher auf ihn"	→ Meeresbrandung, „überschäumende Freude" des Meeres
V. 5	„die Flüsse wallen ans offene Meer"	→ Flüsse strömen dem Meer entgegen.
V. 6-7	„das Land legt Liebesversprechen der reinen Luft in den Mund"	→ saubere Luft, schönes Land
V. 9	„die Erde will keinen Rauchpilz tragen"	→ Atombomben und Atombombenversuche richten sich gegen die Natur.
V. 10	(die Erde will) „kein Geschöpf ausspeien"	→ Auf der Erde ist Platz für alle Geschöpfe.
V. 11-12	(die Erde will) „abschaffen die unerhörten Stimmen des Verderbens"	→ Die naturfeindlichen Aktivitäten des Menschen sollen aufhören.
V. 13-14	(die Erde will) „die bunten Brüder und grauen Schwestern erwachen sehen"	→ Land, Landtiere und Fische und Vögel gehören zusammen.
V. 17	„Für uns pflanzt sie Korallen ins Meer"	→ Die Schönheit der Welt ist für den Menschen da.
V. 18	„Wäldern befiehlt sie, Ruhe zu halten (...)"	→ Die Erde bietet dem Menschen Schutz.
V. 21	„Die Erde will ein freies Geleit ins All"	→ Der Mensch soll die Erde schützen.

c) Die Natur, vom Menschen allgemein als Objekt behandelt, erscheint als lebendig, mit eigenem Willen begabt. Der Mensch kann und soll mit der Natur nicht machen, was er will.
→ Es ist noch nicht zu spät, noch ist die Welt nicht untergegangen.
Die Erde will vom Menschen einen Schutz gegen Gefahren. → Der Mensch soll die Umwelt schützen.

Übung 11

Die Erde will keine Atomkriege oder Atombomben-Versuche („Rauchpilz" → Atompilz). → Der Mensch soll Atomkriege und Atombomben-Versuche verhindern.
Die Erde kann die Folgen der Zerstörung lindern oder wiedergutmachen.

Übung 12

Der Mensch soll die Erde schützen und nicht durch Atombomben, Atombombenversuche und anderes bedrohen, denn die Erde bietet ihm Schutz und Schönheit.

4.3 Die Figuren

Übung 1

Lösungsbeispiel: Die Gegenspielerinnen im Stück „Maria Stuart“ sind die Titelheldin Maria, Königin von Schottland, als Protagonistin und Elisabeth I. von England als Antagonistin. Maria ist die Gefangene Elisabeths. Beide verbindet ein tiefer Konflikt um die Macht in England. Elisabeth steht unter dem Einfluss dreier Berater, die jeweils eine unterschiedliche Position vertreten: Burleigh tritt für die sofortige Hinrichtung Marias ein, da er den Staat gefährdet sieht. Shrewsbury steht zwar auf Elisabeths Seite, ist aber für einen fairen Prozess und gegen ein Todesurteil. Er vertritt den Rechtsstaat. Leicester, in den Elisabeth seit frühen Tagen verliebt ist, spielt ein doppeltes Spiel. Vor Elisabeth tritt er für Härte gegenüber Maria ein, hinter ihrem Rücken arbeitet er aber für Marias Befreiung, da er in die schöne Königin von Schottland verliebt ist. Maria hat außer ihrer Zofe Hannah Kennedy keine direkten Fürsprecher. Der junge Mortimer ist in sie verliebt, was sie aber nicht erwidert. Sie benutzt ihn lediglich zum Zwecke ihrer Befreiung.

Übung 2

Der Musikus Miller aus Friedrich Schillers Drama „Kabale und Liebe“ ist einerseits ein bürgerlicher Familienvater, andererseits aber eine widersprüchliche Figur. Auf der einen Seite ist er seiner Tochter Luise ein liebevoller Vater, auf der anderen Seite verhält er sich wie ein autoritärer Patriarch, der unbedingten Gehorsam erwartet. Er ist selbstbewusst und stolz auf seine Leistungen, andererseits ist er dem traditionellen Standesdenken verhaftet und davon überzeugt, dass jeder seinen Platz innerhalb der Gesellschaft einzuhalten hat. Hieraus erklärt sich auch seine widersprüchliche Haltung im Handeln: Er kündigt viel an, setzt aber tatsächlich nur wenig in die Tat um.

Für sich wie auch für seine Familie hegt Miller den Traum von Reichtum, von Glück und Aufstieg. Was er selbst jedoch nicht erreicht, missgönnt er auch seiner Tochter. Daher will er das Ende ihrer Beziehung zum Adligen Ferdinand. So lässt er seiner Tochter, was nicht selbstverständlich ist für die damalige Zeit, die freie Wahl des Ehepartners – aber ausschließlich innerhalb der gegebenen Standesgrenzen.

Miller ist fromm und voll Gottvertrauen, auch deshalb gelingt es ihm, seine Tochter von einem Selbstmordversuch abzuhalten. Doch zeigt sich in seinem fürsorglichen Verhalten keineswegs Verständnis für die Jugend. Auch seiner Frau vertraut er im Grunde nicht. So ist er insgesamt eine höchst zwiespältige Figur (und repräsentiert darin auch die widersprüchliche Situation des Bürgertums im 18. Jahrhundert).

4.4 Figurenrede

Übung 1

Der Monolog gliedert sich in vier Teile: 1. Teil Z. 1 – 8: Gretchen spürt die Veränderung, (2. Teil Volkslied vom „König in Thule“), 3. Teil Z. 13 – 21: Neugier, 4. Teil Z. 22 – 34: Vergleich arm – reich, Reflexion.

Gretchen kommt nach Hause und spürt sogleich, dass in ihrem Zimmer etwas verändert ist. Es „liegt etwas in der Luft“. Dass ihr die Stimmung unheimlich ist, zeigen die Adjektive „schwül“ und „dumpfig“ (Z. 2). Sie kann den Teufel förmlich „fühlen“ („Mir läuft ein Schauer über'n ganzen Leib“), zur Erleichterung von der drückenden Stimmung öffnet sie das Fenster. Dabei sehnt sie sich nach ihrer Mutter – das zeigt, dass sie recht unselbstständig ist, was ihr auch bewusst ist: „Bin doch ein töricht furchtsam Weib!“ (Z. 8) Nachdem sie das Lied vom König in Thule gesungen hat (eine Vorausdeutung auf die unerfüllte Liebe), entdeckt sie das Schmuckkästchen. Sie ist gleich voller Neugier und davon gefangen. Obwohl sie erst noch spekuliert, was es mit dem Kästchen auf sich hat, zögert sie nicht, es zu öffnen, als sie den Schlüssel sieht. Von Skrupeln und Unselbstständigkeit keine Spur. Ihre Begeisterung über den Schmuck zeigen eine Frage und drei Ausrufe (Z. 20 – 22). Sofort wird ihr im Zusammenhang mit dem Schmuck ihre gesellschaftliche Stellung klar: „Mit dem könnt' eine Edelfrau / Am höchsten Feiertage gehn.“ (Z. 22 f.) Es ist ihr klar, dass der Schmuck für ein Mädchen ihres Standes unangemessen ist. Das hindert sie aber nicht, ihn anzulegen. Sie bemerkt die positive Veränderung, die

der Schmuck bewirkt (Z. 28), um sofort einzusehen, dass die Standesgrenzen weiterhin bestehen bleiben und dass sie keinen Anspruch auf solchen Schmuck erheben darf. Ihre Einsicht gipfelt in dem Seufzer „Ach wir Armen!“ (Z. 34). Gretchen weist in diesem Monolog ein größeres Reflexionsvermögen auf, als das Bild des unselbstständigen, auf seine Mutter angewiesenen Mädchens aus dem ersten Teil glauben lässt. Auch zeigt sich im Monolog eine deutliche Steigerung der Aktivität Margaretes: Von der Passivität über die Neugier kommt sie zum Handeln (Anlegen des Schmucks) und dann zur Reflexion. So bietet der Monolog einen guten Einblick in die entwickelte Seele der scheinbar so einfachen Margarete.
Als sprachliche Mittel fallen vor allem Ausrufe und Fragen auf. Die Ausrufe dienen dem Ausdruck des Erstaunens und der Wünsche, aber auch einer Art Reflexion Margaretes. Die Fragen bringen Neugier zum Ausdruck, sind aber auch rhetorische Fragen („z. B. „Wie sollte mir die Kette stehn?“), mit denen Margarete ihr Handeln rechtfertigt oder sich über ihre Lage beklagt („Was hilft euch Schönheit, junges Blut?“).

4.5 Schritte zur Interpretation

Übung 1

Die Lösung wird so individuell ausfallen, dass keine Beispiellösung möglich ist.

Übung 2

Bei dem Drama „Nathan der Weise“ von G. E. Lessing handelt es sich um ein zentrales Stück der Aufklärung. Das Thema ist die Toleranz der Religionen. Recha, die Tochter des reichen Juden Nathan, verliebt sich in einen Kreuzritter, der zunächst noch christlicher Eiferer ist. Nathan wird (vom Sultan Saladin, dem moslemischen Herrscher über Jerusalem,) mit der Frage nach der wahren Religion auf die Probe gestellt. Es stellt sich heraus, dass Recha gar nicht Nathans leibliche, sondern nur eine angenommene Tochter und in Wirklichkeit des Kreuzritters Schwester ist.
So endet das Stück mit der symbolischen Verbrüderung der Religionen Judentum, Christentum und Islam.

Übung 3

Der reiche jüdische Kaufmann Nathan kehrt von einer Geschäftsreise nach Jerusalem zurück. Daja, die Gesellschafterin seiner Tochter Recha, berichtet ihm aufgeregt, dass sein Haus abgebrannt sei, dass es große Verluste gegeben habe und Recha fast verbrannt sei. Ein kurz zuvor von Sultan Saladin begnadigter Tempelherr (Kreuzritter) habe das Mädchen aus den Flammen gerettet, sei aber nach der Rettung verschwunden, ohne Dank anzunehmen.

Übung 4

Auf den ersten Blick sind Recha und Sittah sehr verschiedene Personen. Recha, Nathans Ziehtochter, ist jung, unerfahren und steht immer noch unter dem Einfluss des religiösen Eifers von Daja, einer fanatischen Christin. Sie fürchtet, durch Dajas religiösen Fanatismus von ihrem jüdischen Ziehvater getrennt zu werden.
Sittah ist die Schwester von Sultan Saladin, ist damit von hohem gesellschaftlichem Rang, gebildet und ihrem Bruder geistig durchaus überlegen. Im Gegensatz zum Mündel Recha ist sie von hoher gesellschaftlicher Stellung. Sie ist gebildet und selbstständig und liebt die geistige Auseinandersetzung, Religion spielt für sie eine untergeordnete Rolle.

Übung 5

Recha möchte, dass Sittah ihren Einfluss auf Saladin geltend macht, damit Recha bei Nathan bleiben kann.
Sittah will als gebildete Frau die (vermeintliche) Tochter Nathans kennenlernen, in der Annahme, diese sei durch die Erziehung ihres Vaters ebenfalls eine gebildete Frau. Sie hat also keinerlei „strategische“ Absichten.

Übung 6

a) bezieht sich auf Teil 2
c) auf Teil 4
e) auf Teil 2

Übung 7

4. Teil: Widersprüchlichkeit Dajas
5. Teil: Rechas Widerstand gegen das aufgezwungene Christentum

Der Höhepunkt des Gesprächs befindet sich vor allem im 3. Teil, aber auch in Rechas Kritik der Mission und der dogmatischen Religion im 4. Teil (Z. 3590 - 3609).

Übung 8

Teil 1: fordert auf, ablehnt, sich bezeichnet, erweist ihre Ehrerbietung, verweist, gibt sich bescheiden, untertreibt

Teil 2: gesteht, gibt an, kann zustimmen, bewundert, sind sich einig, wird geäußert, zeigt sich, ist stolz

Teil 3: gibt Ausdruck, Anliegen vorbringen, setzt an, wird unterbrochen, reagiert, zeigt Teilnahme, verspricht Hilfe, zeigt sich überrascht

Übung 9

4. Teil: Auf die Aufforderung Sittahs hin fasst sich Recha wieder und gibt eine Erklärung für ihre Aufgeregtheit: Sie hat Angst, dass ihr ein anderer Vater aufgezwungen wird. Nun überträgt sich die Aufgeregtheit auf Sittah (fünf Fragen in Z. 3570 f.). Das Gespräch erhält insofern nochmals eine Wendung, als Recha nun Daja als treibende Kraft nennt und diese sogleich in ihrer Widersprüchlichkeit benennt: „Meine gute böse Daja" (Z. 3572). Recha vertieft die Charakterisierung Dajas, indem sie sie als eine Vertreterin des dogmatischen Monotheismus beschreibt (Z. 3587 - 3589: „eine von den Schwärmerinnen, die den allgemeinen, einzig wahren Weg nach Gott zu wissen wähnen"). Diese Beschreibung Dajas wird gesteigert zu einer allgemeinen Kritik des Missionsgedankens und der Intoleranz.

(Schlussfolgerung:) Über die Charakterisierung Dajas kommt das Stück zu einem seiner Kerngedanken. Zwar hat die Religion eindeutig auch gute Seiten, aber der Monotheismus führt zur Mission und die Mission führt zur Intoleranz und zum Hass. An der Person Dajas soll ein allgemeiner Sachverhalt erläutert werden.

5. Teil: Recha offenbart sich Sittah vollends und erzählt, wie Daja sie zur Christin „gemacht" hat. In einem „verfallnen Christentempel", inmitten von „wankenden Ruinen", „an den versunkenen Stufen eines morschen Altars" (Z. 3615 ff.) „bekehrt" sie Recha durch persönlichen Druck und die Enthüllung, sie sei nicht Nathans Tochter. Die Symbolik der Räume steht für die Antiquiertheit eines so verstandenen Christentums.

(Schlussfolgerung:) Mit dieser Offenbarung hat Recha Sittah eine Erklärung für ihr Verhalten gegeben. Es gibt zwar keine direkte Einigung der beiden Frauen, aber Sittahs Verhalten signalisiert Einverständnis.

Übung 10

Häufung von Frage- und Ausrufesätzen: z. B. Z. 3568 - 3580 Teilnahme, → Fassungslosigkeit, Aufregung

Steigerungen: „Du sollst vergebens dich zu meiner Freundin, zu meiner Schwester nicht erboten haben!" (Z. 3558 f.), „mich gepflegt; mich so gepflegt" (Z. 3580) → Nachdruck

Klimax: z. B. „So jung! so klug! so fromm!" (Z. 3525) → Kompliment, Ehrerbietung Unvollständige Sätze: Während der Stichomythie (Z. 3550 - 3560) → Aufregung, Angst, Teilnahme, Echtheit, Unverfälschtheit

Rhetorische Fragen: z. B. Z. 3570 ff. → Fassungslosigkeit

Wortspiel, Chiasmus: „Meine gute, böse Daja kann das wollen, - will das können" (Z. 3572) → Einschätzung der Widersprüchlichkeit Dajas

Zu den Seiten 110 - 112

Übung 11

a) Keine Zustimmung: Zwar verfolgt Recha ihre Interessen in diesem Gespräch, aber es ist keine klare Taktik erkennbar, und sie verhält sich Sittah gegenüber ganz offen.
b) Keine Zustimmung, denn der Standesunterschied spielt schnell keine Rolle mehr und die beiden reden nicht aneinander vorbei.
c) Zustimmung, vgl. b). Sittah sucht in Recha eine ebenbürtige Gesprächspartnerin.
d) Keine Zustimmung, denn für religiöse Vorurteile Sittahs gibt es in der Szene keinen Anhaltspunkt.

Übung 12

Vor allem die deutliche Kritik an Monotheismus, Missionsgedanken und religiöser Verblendung, wie sie im 4. und 5. Teil zum Ausdruck kommt, passt dazu.

Übung 13

Das Gespräch ist gelungen, denn die Dialogpartnerinnen haben sich auf einer Ebene bewegt, sind aufeinander eingegangen und verstehen sich. Auch ohne direkte Einigung wird klar, dass sie am Ende das gleiche Ziel haben, nämlich Rechas Bleiben bei Nathan zu sichern.

Test

Übung 1

Paulet, Wächter von Maria Stuart, durchsucht deren Zimmer in ihrem Gefängnis, Schloss Fotheringhay in England. Dabei wird er von seinem Gehilfen Drury unterstützt. Hannah Kennedy, Maria Stuarts Amme, versucht die Männer zurückzuweisen.
Paulet ist auf der Suche nach Geheimnissen und nach Kostbarkeiten, mit denen Maria, Gefangene der englischen Königin Elisabeth, das Wachpersonal bestechen könnte. Dabei findet er französische Schriften und ein königliches Stirnband, das offensichtlich auch aus Frankreich stammt. Kennedy versucht, die Bedeutung der Funde herunterzuspielen, jedoch ohne Erfolg.
Paulet beschlagnahmt die Funde und übergibt sie Drury.

Übung 2

Hannah Kennedys Funktion als „Amme“ signalisiert Mütterlichkeit und Fürsorge.
Auf die Konfrontation deuten „heftiger Streit“ und „Drury ... mit Brecheisen“ hin. Dass es (selbst in Gefangenschaft!) einen „geheimen Ressort“ gibt, deutet Geheimniskrämerei aufseiten Marias an.

Übung 3

a) Hannah Kennedy: Zurückweisen der Absicht Paulets, Herunterspielen der Funde.
Paulet will Maria der Bestechung und Verschwörung überführen.
b) Ja, sie gehen aufeinander ein. Paulet erklärt auf Hannahs Nachfragen seine Absicht. Hannah geht auf die Fundstücke ein, die Paulet gefunden hat.
c) Hannah Kennedy gerät immer weiter in die Defensive. Kann sie sich zu Anfang zumindest noch verbal wehren, so ist sie am Ende nur noch damit beschäftigt, die Bedeutung der Fundstücke herunterzuspielen.

Übung 4

Z. 5: sich empören, Z. 7 - 10: verdächtigen, sich empören, Z. 14 - 15: zurückweisen, Z. 17 - 19: herunterspielen, Z. 20: verallgemeinern, Z. 21: herunterspielen, ablenken, Z. 22 - 23: verurteilen, verdächtigen, Z. 24 - 25: ablenken, Z. 30: sich empören

Übung 5

Von Paulets Seite ist die Kommunikation offen – er begründet seinen Verdacht und erklärt seine Absicht. Von Hannahs Seite ist die Kommunikation nur zum Teil offen. Sie geht zwar auf Paulet ein, indem sie seine Absicht abwehrt, verschleiert aber die wahre Natur der Fundstücke und spielt sie herunter.

Übung 6

Der verbale Schlagabtausch von Z. 20 bis Z. 25 veranschaulicht, dass es sich um eine hitzige Auseinandersetzung handelt.

Übung 7

	geschlossene Form	offene Form
Figuren	höherer Stand („Ständeklausel")	auch niedriger Stand, verschiedene Milieus
Sprache	ausformulierte Sprache	auch Volkssprache, Dialekt, grammatisch unvollkommene Sprache möglich
Aufbau	5-Akte-Schema (Exposition, ansteigende Handlung, Höhepunkt/Peripetie, abfallende Handlung, Schluss/Katastrophe)	Szenen unterschiedlicher Länge und Zahl, kein festes Aufbauprinzip
Dialoge	Gesprächspartner gehen aufeinander ein	Gesprächspartner reden auch aneinander vorbei, fragmentarische Dialoge möglich
Zeit	Einheitlichkeit, keine Sprünge	vielfältige Sprünge möglich
Ort	Einheitlichkeit, keine Sprünge, überschaubare Zahl an Handlungsorten	vielfältige Sprünge möglich
Handlung	vergleichsweise klar strukturierte Handlung, keine oder wenig Nebenhandlungen	vielfältige Sprünge möglich bis hin zur Auflösung einer klaren Handlungsstruktur

Zu Seite 124

www.cornelsen.de

Dieser Band folgt den Regeln der deutschen Rechtschreibung, die seit August 2006 gelten.

5. 4. 3. 2. 1. Die letzten Ziffern bezeichnen
13 12 11 10 09 Zahl und Jahr der Auflage.

Printed in Poland
ISBN 978-3-589-22882-9

Gedruckt auf säurefreiem Papier,
umweltschonend hergestellt aus chlorfrei gebleichten Faserstoffen.

S. 6. f.: Günter Kunert, „Zentralbahnhof", aus: ders., Tagträume in Berlin und andernorts, Hanser Verlag, München 1972

S. 14: Franz Kafka, Sämtliche Erzählungen, hg. von Paul Raabe, Frankfurt am Main 1970, S. 345 - 347

S. 20: Wolfgang Borchert, „Die Küchenuhr", aus: ders., DAS GESAMTWERK, (c) 1994 by Rowohlt Verlag, Hamburg

S. 37: Bertolt Brecht, „Wenn die Haifische Menschen wären", aus: ders., Gesammelte Werke, Band V, (c) Suhrkamp Verlag, Frankfurt am Main 1967

S. 47: Elisabeth Langgässer, „Saisonbeginn", in: Lesebuch 9, Diesterweg, Frankfurt am Main 1987

S. 50: Theodor Storm, „Die Stadt", aus: ders., Sämtliche Werke, hg. von A. Köster, Insel Verlag, Leipzig 1923

S. 51: Ernst Stadler, „Fahrt über die Kölner Rheinbrücke bei Nacht", aus: ders., Dichtungen, hg. von K. L. Schneider, Band 1, Ellermann Verlag, Hamburg o. J.

S. 58: Joseph von Eichendorff, mehrere Gedichte aus: Werke und Schriften, Band 1: Gedichte, Epen, Dramen, hg. von G. Baumann, Cotta Verlag, Stuttgart 1953

S. 61: Joseph von Eichendorff, „Frische Fahrt", aus: Werke und Schriften, wie zu S. 58 angegeben

S. 64: Margarete Hannsmann, „An die Gemeinderäte", aus: Im Gewitter der Geraden, Deutsche Ökolyrik von 1950 - 1980, hg. von P. C. Meyer-Tasch, Beck Verlag, München 1981, (c) Claassen Verlag

S. 68: Karl Krolow, „Kurzes Unwetter", aus: ders., Herz tröste dich, Herder Verlag, Freiburg i. Br. 1984, (c) Karl Krolow

S. 68: Ernst Meister, „Ich sage Ankunft" (II), aus: ders., Ausgewählte Gedichte, Verlag Luchterhand, Darmstadt 1977, (c) Rimbaud Verlagsgesellschaft

S. 72: Andreas Gryphius, „Menschliches Elende", aus: ders., Lyrische Gedichte, hg. von H. Palm, Tübingen 1884

S. 76: Heinrich Heine, „Die schlesischen Weber", aus: ders., Werke, Band 1: Gedichte, hg. von C. Siegrist, Insel Verlag, Frankfurt am Main 1968

S. 81: Rolf Haufs, „Was schnell nun naht", aus: ders., Größer werdende Entfernung. Gedichte 1962 - 1979, Rowohlt Verlag, Reinbek 1979, (c) Rolf Haufs

S. 81: Andreas Gryphius, „Menschliches Elende", wie zu S. 72 angegeben

S. 93: Joseph von Eichendorff, „Weihnacht", in: K. O. Conrady (Hg.), Das Buch der Gedichte. Deutsche Lyrik von den Anfängen bis zur Gegenwart, Hirschgraben, Frankfurt am Main 1987

S. 94: Ingeborg Bachmann, „Freies Geleit" (Aria II) (1957), Werke, Erster Band, 2. Aufl., Piper, München 1982

S. 101: Johann Wolfgang Goethe, Faust. Der Tragödie Erster Teil (1808), Hohlfeld (Königs Lektüren Bd. 3003) 1996

S. 104: Gotthold Ephraim Lessing, Nathan der Weise. Ein dramatisches Gedicht in fünf Aufzügen (1779), Stuttgart (RUB Nr. 3) 1983

S. 123: Friedrich Schiller, „Maria Stuart", Bange-Verlag, Hollfeld 1996 (=Königs Lektüren Bd. 3001)